상승장에서도 하락장에서도
수익 낼 수 있는 ETF 트레이딩 특급 비법

ETF
트레이딩
특급 비법

김도윤 지음

매일경제신문사

들어가는 글

최근 들어 ETF에 관한 관심이 높아지면서 많은 관련 서적들이 출판되고 있습니다. 초보자들도 쉽게 접근할 수 있도록 ETF에 관한 정의나 주문 방법, 그리고 관련 용어들에 대해서 상세하게 설명한 책이나 ETF를 거래해야 하는 이유에 관해서 설명한 책들도 시중에 다수 출판되어 있습니다.

또한, 한국거래소 (http://www.krx.co.kr)에 접속해보면 ETF에 대해 만화와 애니메이션, 그리고 e-book으로도 자세하게 설명해 일반 투자자들도 그 개념이나 매매 방법에 대해 쉽게 알 수 있게 되어 있습니다. 아울러 한국거래소 홈페이지에 있는 e-book은 인쇄도 가능해 프린트해서 책처럼 볼 수도 있고, ETF의 장단점과 위험성까지 아주 자세하게 설명해놓았습니다.

그러나 정작 어떻게 매매할 것인가에 관한 책은 찾아보기 힘들고, 대부분의 ETF 관련 책들은 분산 투자와 자산배분에만 많은 설명을 할애하고 있습니다.

아주 옛날, 선물 옵션을 배우러 찾아온 지인이 생각납니다. 콜 옵션과 풋 옵션의 개념에 대해 한참 설명하는데 그는 '머리 아프니 단순하게 주문 넣는 방법과 수익과 손실에 대해서만 주식 거래와 비교해서 설명해달라'고 했습니다. 단순하게 콜 옵션은 장이 상승할 때 매수하는 것이고, 풋 옵션은 장이 하락할 때 매수하는 것이라 설명했습니다. 단, 장이 상승할 때 콜 옵션 매수를 해도 되고 반대로 풋 옵션을 매도해도 같은 효과를 얻을 수 있다고 이야기해주었습니다. 아주 간단하고 명확한 설명 아닌가요?

주식 시장이나 파생 시장이나 장의 방향은 두 가지밖에 없습니다. 오르거나 내리거나 통상 매매는 장의 방향을 맞추는 게임이며, 장의 방향을 맞추기 위해서 많은 이론과 용어, 그리고 전문 지식이 동원되는 게 사실입니다. ETF 역시 상승할지 하락할지를 맞히는 게임입니다. 특히 여러 가지 ETF 종목 중 KOSPI200지수를 추종하게 설계된 ETF 상품들은 KOSPI200의 움직임을 맞추면 당연히 연계된 ETF 상품의 방향도 똑같이 움직입니다.

필자는 ETF 전문가는 아니며, ETF를 많이 매매하지는 않습니다. 그저 '선물 옵션 가격이론 매매 기법'을 전문으로 하는 '선물 옵션 전문가 겸 작자'입니다.

필자도 이제 나이가 들어가면서 변동성이 심한 선물 옵션에 대한 매매보다는 좀 더 안전한 매매 상품으로 ETF를 선택했습니다.

그 이유는 앞에서 언급했듯이 ETF 상품 중 KOSPI200지수와 연동해 움직이는 상품들의 경우, 선물, 옵션과 그 매매 기법이 같기 때문에 별도의 노력 없이 쉽게 진입할 수 있기 때문입니다.

필자 역시 시장에 출판된 ETF 관련 서적들을 여러 권 보고 한국거래소에서 제공하는 e-book도 보았습니다. 이것들을 통해 기초 지식과 정보들을 얻을 수 있었습니다. 알아야 할 용어나 처음 ETF 시장을 접하는 사람들에게 유익한 정보도 많았으나, 정작 어떻게 매매할지에 대해서는 어디에도 알려주는 곳이 없었습니다.

선물 옵션 가격이론은 제법 어려운 이론입니다. 그러나 초보자들도 쉽게 이해할 수 있도록 KOSPI200지수 연동 ETF 매매 기법 노하우를 이 책에서 공개할 예정입니다.

1. ETF는 다음과 같은 개인 매매자분들에게 적합한 상품입니다

많은 전문가들이 ETF 상품의 우수성에 관해 설명하지만, 장점이 많다고 손실이 나지 않는다는 이야기는 아닙니다.

그러나 ETF 상품은 주식 시장의 타 상품과 비교해 안정성과 투명성, 그리고 다양성까지 많은 장점을 가진 상품입니다.

주식 시장에 참여하는 개인 투자자들의 경우 대부분의 투자자들이 손실을 경험하고, 수익도 경험합니다. 그러나 꾸준히 수익을 내는 개인 투자자들은 드문 게 사실입니다. 이 말은, 그만큼 주식 시장에서 투자로 성공하기가 어렵다는 이야기입니다. 많은 공부와 노력 없이는 절대 투자 수익도 없다는 것을 아셔야 합니다.

주식 시장은 항상 변하며, 새로운 상품이 만들어집니다. ETF도 새롭게 만들어진 투자 상품이며, 주식이나 파생 상품에 비해 상대적으로 장점이 많은 상품입니다.

주식 종목을 선택하기 어려워하는 매매자

주식 시장이 상승한다고 모든 주식이 상승하는 것이 아닙니다. 따라서 주식 매매에서는 어떤 종목을 선택하느냐가 매우 중요한 포인트입니다. 그러나 주식 종목 선택에는 많은 어려움이 따릅니다. 시장은 올랐는데 내가 보유한 종목은 오히려 손실이 나는 경우도 비일비재합니다.

선물 또는 KOSPI200지수 추종 ETF는 종목을 고를 필요가 없습니다. 홀짝 게임처럼 상승할지 하락할지만 맞히면 됩니다. 상승할지 하락할지를 맞히면 수익이 나고, 반대로 맞추지 못하면 손실이 납니다. 지극히 단순하며, 종목을 고르지 않아도 됩니다.

처음 선물이나 옵션 매매를 시작하려는 매매자

KOSPI200지수 추종 ETF는 KOSPI200 선물지수와 같은 움직임을 보입니다. 따라서 KOSPI200 선물이나 옵션을 매매하려는 분들은 적은 금액으로 매매가 가능한 ETF로 투자 연습을 할 수 있습니다.

각 증권사마다 모의 투자 기능이 있지만, 모의 투자에는 많은 허점이 있습니다. 그 허점 중 하나가 호가에서 제일 우선해서 체결된다는 점이며, 이는 실전 매매에 비해 상당히 유리한 조건입니다.

또한, 모의 투자의 경우 자신의 자본이 투자되지 않기에 손실 시 손절이나 헤지 등의 위험 회피를 하지 않게 되어 오히려 잘못된 매매 습관이 생기기 쉽습니다. 따라서 자금이 들어가지 않는 모의 투자보다는 소액으로 투자가 가능한 ETF가 최적의 매매 연습을 위한 상품입니다.

안정성을 원하고 빠른 대응이 안 되는 매매자

ETF 상품은 주식 시장에서 거래되는 상품 중 안전한 상품 중 하나입니다. 주식이나 선물, 옵션보다 상대적으로 변동성이 적기에 순간적인 대응이 힘든 매매자도 매매하기 좋은 상품입니다. 선물 옵션 매매를 해보신 분들은 장 시작 시 선물 옵션의 움직임이 얼마 빠른지 경험하셨을 겁니다. 심지어 옵션 만기일엔 장 초반 움직임이 더 빨라 주문조차 넣기 힘들 지경입니다.

그러나 장 시세는 50% 이상 장 시작과 함께 결정되기에, 이 시점에 매매하지 않을 수 없어 얼떨결에 기준 없이 진입하는 경우가 다반사입니다. ETF의 경우 선물지수와 같은 움직임을 보이고 한 호가(한 틱)에서 ETF는 5원 단위로 호가가 되어 있지만, 선물의 경우 한 호가(한 틱)는 승수가 변경되었음에도 0.05포인트로, 금액으로 환산하면 12,500원입니다.

따라서 한 호가(한 틱)가 움직일 때 선물과 ETF에서 느끼는 가격 차이는 선물이 몇 배 더 부담을 느끼게 되어 있습니다. 특히 손실에 대한 공포감은 상대적으로 더 클 수밖에 없습니다.

필자도 젊은 시절에 큰 레버리지와 빠른 움직임의 고위험 상품을 위주로 매매했으나, 나이가 들면서 순간적 대응 능력이 저하되는 등 신체적 변화가 일어나면서 차츰 레버리지가 적은 상품에 대한 투자 비중이 늘어가고 있는 실정입니다.

그러나 안정성이 있다고 손실이 나지 않는 것은 아닙니다. 그래서 모든 매매에는 자기만의 원칙과 기준이 있어야 합니다.

필자는 '선물 옵션 가격이론' 전문가로, 이에 대해 총 세 권의 책을 집필했습니다.

그 첫 번째가 《가격이론 실전검증》이고 두 번째 책은 《가격이론 X파일》, 그리고 마지막으로 세 번째 《선물·옵션 가격이론 절대기법》입니다.

이 세 권의 책에서 줄곧 강조하는 것이 매매에 대한 원칙과 기준입니다. 아울러 필자는 책 구매자를 위한 네이버 카페((http://cafe.naver.com/ks7478)를 운영하고 있으며, 카페 회원들에게 항상 매매에 대해 원칙과 기준부터 세우라는 조언을 해왔습니다.

매매에 원칙과 기준을 강조하는 이유는 주식 시장에서 거래가 되는 상품들을 매매하면서 원칙과 기준이 없다는 것은 손실을 보는 지름길이기 때문입니다.

2. ETF 매매의 기준

매매 기준에는 여러 가지가 있습니다.

투자금에 대한 기준, 진입과 청산에 대한 기준(매수와 매도), 그리고 매매 기법에 대한 기준 등 많은 기준이 필요하지만, 가장 중요한 것은 자신만의 매매 기준일 것입니다.

남의 떡이 더 커 보인다

간혹 시장에서 누군가 큰 수익이 났다고 하면 너도나도 그 사람의 매매 기법(기준)을 따라 하려 합니다. 그러나 그건 그 사람만의 기준이지, 그 기준이 나에게도 맞는 기준이 될 수는 없습니다. 키 170cm에 몸무게 46kg의 늘씬한 아가씨가 원피스를 입어서 예쁘다고 키 150cm에 몸무게 100kg의 아가씨가 그 원피스를 입으면 예쁠까요?

절대 그렇지 않을 것입니다. 키 150cm에 몸무게 100kg의 아가씨는 그 몸과 스타일에 맞는 옷을 입어야 하듯이, 남의 매매 기준이 나의 매매 기준이 될 수 없습니다.

큰 수익을 낸 매매자가 투자금 3억 원으로 중장기 매매를 해서 큰 수익을 냈는데, 자신은 투자금 1,000만 원으로 단기 매매를 한다면 큰 수익을 낸 매매자의 매매 기준을 따라 해봐야 아무런 의미가 없습니다. 이렇듯 남의 떡이 항상 더 커 보이는 것입니다

따라서 자신의 투자금에 맞는 매매 기준을 확립하고, 단기로 매

매할 것인지, 중기나 장기로 매매할 것인지에 대해 먼저 기준을 잡으셔야 합니다.

시장엔 100% 맞는 매매 기법(기준)은 없습니다

지난 차트를 보면서 고점과 저점을 맞추는 것은 누구나 할 수 있는 일입니다. 시장에 자칭, 타칭 고수들이 많이 있습니다. 심지어 어떤 고수들은 한 틱(한 호가)도 틀리지 않고 매일 고점과 저점을 맞춘다고 자랑하며 홍보를 하곤 하는데, 이런 분들은 '신'이 아니면 '사기꾼'일 뿐입니다. 오히려 지난 차트로 고점과 저점에 대한 근거나 원리를 알려주는 분들이 고수입니다.

투자의 귀재 워런 버핏의 승률도 30% 내외라고 합니다. 30%의 승률로 어떻게 그런 큰 수익을 내서 부를 이룰 수 있었을까요? 답은 간단합니다. 기준과 다를 경우 바로 손절(Loss Cut)하고, 기준과 맞으면 장기 투자로 수익을 극대화하기 때문입니다.

승률과 수익률이 항상 비례하는 것은 아니라는 사실을 아셔야 합니다. 필자는 감히 말씀드립니다. 가장 훌륭한 매매 기법(기준)은 손절(Loss Cut)입니다. 이 기준만 잘 지킨다면 여러분은 시장에서 승자가 될 수 있습니다.

자신에게 맞는 매매 스타일을 만들어야 합니다

본인의 직업이 프리랜서나 자영업 또는 전업 투자자라서 시간적으로 여유가 있는 경우 단기 매매, 중기 매매, 장기 매매 모두 가능합니다.

그러나 직장인이나 시간에 얽매여야 한다면 단기 매매보다는 중기나 장기 매매를 선택하셔야 합니다. 단기 매매와 중기와 장기 매매의 기준은 다를 수밖에 없습니다. 따라서 자신에게 적합한 매매 스타일을 선택하셔서 매매의 기준을 정하는 것도 중요한 요소입니다.

투자 자금에 대한 기준

본인이 투자하는 자금의 성격과 투자금의 크기에 대한 기준을 정해야 합니다. 물론 큰돈으로 큰 수익을 낼 수 있다면 얼마나 좋겠습니까?

그러나 시장은 개인 투자자들에게 그렇게 녹록지 않습니다.

절대 빚을 내거나, 신용으로 매매하는 것은 바람직하지 않습니다. 여유 자금으로 시작해야 투자가 되지, 빚을 많이 내거나 대출을 받아 매매를 시작한다면 결국 투자가 아닌 투기가 되는 것입니다.

또한, 투자 자금의 몇 %를 투자하고 예비 자금은 몇 % 유지할지 기준을 세워야 합니다. 소위 말하는 몰빵 투자는 매우 위험하며 자칫 습관화되기 십상입니다.

따라서 투자 자금 중 일정 금액으로 투자하고 항상 충분한 여유 자금을 보유하고 있어야 향후 장의 급변에 대응이 가능하며, 손실 관리 또한 가능해집니다. 모든 주식 시장에서 매매되는 상품은 손실 관리가 가장 중요하며, 이를 위해선 항상 여유 자금이 있어야 합니다.

예를 들어 고배당 종목을 보유하고 있는데, 장은 약세여서 손실이 우려되나 배당일이 얼마 남지 않아 매도가 꺼려질 때가 있습니다. 이럴 경우, 여유 자금이 있으면 풋 옵션이나 인버스 상품을 일정 정도 매수해 위험 회피를 할 수 있지만, 만일 여유 자금이 없다면 손실을 확정하든지, 아니면 손실에 대한 위험을 안고 보유해야 하는 모험을 해야 합니다.

이 이외에도 많은 매매 기준이 필요하지만, 여기서는 이 정도 서술하고 ETF 실전 매매에서 진입과 청산에 대한 기준 등에 대해 부연 설명하겠습니다.

3. ETF 매매의 원칙

원칙이란 지켜야 할 가장 중요한 법칙입니다. 기준도 원칙의 범주에 포함됩니다.

시장에서 가장 잘 회자되는 워런 버핏의 투자 원칙은 첫째, 절대 돈을 잃지 않는다. 둘째, 첫째 원칙을 반드시 지킨다 입니다.

어찌 보면 당연한 일이지만 절대 돈을 잃지 않기 위한 워런 버핏만의 종목 선택에 대한 철저한 기준이 있기에 가능한 일이라 생각됩니다.

손절(Loss-Cut) 기준을 정하고 반드시 지켜라

만약 개인 투자자가 철저한 기준에 의해 종목을 선택하고 그 종목에 대해 믿음이 크다고 가정하면, 기준이 무너져도 손절매를 하지 않는 경우가 많습니다. 그 이유는 믿음에 대한 기대가 커서 수익에 대한 희망이 커지기 때문입니다.

그리고 개인 매매자들은 기관이나 외국인들에 비해 정보력·자금력 등 모든 면에서 약자입니다. 개인 투자자가 기관이나 외국인에 비해 우위에 있는 것은 빠른 대응입니다. 따라서 진입 시 기준이 무너지면 바로 손절로 대응해야 하며, 단기 매매 시 하루에 두 번 이상 손절당하면 매매를 멈추어야 합니다.

하루에 두 번을 손절당했다는 것은 장을 잘못 보고 있다고 할 수도 있지만, 그보다 더 큰 문제는 심리적으로 위축되어 있어 자칫 뇌동 매매가 될 수 있기 때문입니다. 따라서 개인 매매자들이 이 시장에서 살아남을 수 있는 가장 중요한 원칙은 손절에 대한 기준을 지키는 것입니다.

손절에 대한 기준도 자금력이나 개인의 투자 성향에 따라 다릅니다. 모든 사람이 같은 손실 범위에서 손절 라인을 잡는 것은 아니기에 자신의 심리나 자금력 등을 고려해 적절한 손절 라인과 손절 횟수를 설정해야 합니다. 아울러 수익에 대해서도 수익 실현 라인을 정해야 하며, 수익 실현은 손절 라인의 세 배 이상으로 정해야 합니다.

항상 공부해야 합니다

국내 주식 시장은 급변하고 있고, 세계 시장도 변하고 있습니다. 공부를 게을리하면 결국 손실로 이어질 수밖에 없습니다. 쉽게 돈 벌 방법은 없습니다. 돈을 벌기 위해서는 자기가 속해 있는 시장에 대한 철저한 연구과 분석이 필요합니다.

시중엔 주식에 관련된 책들이 다수 출판되어 있고, 또 계속해서 출판되고 있습니다. 책을 굳이 사지 않아도 요즘은 도서관에 구매 신청을 해서 빌려보실 수 있습니다. 되도록 자기가 매매하려는 상품군에 대해 많은 책을 읽어보시고 장점과 단점, 그리고 원리에 대해 고민해보세요.

필자도 '선물 옵션 가격이론' 공부를 하고 관련 서적 세 권을 출판하면서 가격이론 원리에 대해 더 많이 알 수 있었습니다.

물론 책들이 모두 도움이 되는 것은 아니지만, 많은 관련 서적을 접하다 보면 자신에게 맞는 매매 기준과 원칙이 생기고 장에 대한 혜안도 생기게 됩니다. 꾸준히 공부하는 사람과 하지 않은 사람과는 시간이 지나면 큰 차이가 날 수밖에 없습니다.

장에 대한 전략과 리뷰는 필수입니다

장에 대한 전략에는 공감하지만, 리뷰에 대해서는 공감하지 않는 분들이 더러 있습니다. 리뷰를 안 해도 전략 짜는 데 별문제가 없다는 능력자분들이 있으나 모든 사람이 그런 능력을 갖추고 있는 것은 아닙니다.

모든 일에는 순서가 있습니다. 리뷰는 전략을 짜기 위해 반드시 거쳐야 하는 수순입니다. 전일 장의 마감 지점을 알아야 다음 날 장의 시작과 그 시작에 맞추어 전략을 짤 수 있는 것입니다.

물론 리뷰와 전략을 짠다고 꼭 수익을 내는 것도 아니고, 안 짠다고 손실을 보는 것은 아니지만, 시간이 지나면 리뷰와 전략을 꾸준히 한 사람과 안 한 사람과는 큰 차이가 납니다. 반드시 리뷰를 통해 자신이 수립한 전략의 잘못된 점을 수정하고 다음 거래에 대한 새로운 전략을 짜야 합니다.

필자의 두 번째 저서인 《가격이론 X파일》에서 필자는 리뷰와 전략에 대해 다음과 같이 정의했습니다.

"리뷰는 오늘을 반성하고 내일을 준비하는 필연적인 과정입니다. 손실로 끝난 날의 리뷰는 다음 날 수익을 내기 위한 준비이며, 오늘의 실수에 대한 반성입니다. 수익을 낸 날의 리뷰는 다음 날도 수익을 내기 위한 습관을 만드는 과정이며, 자기만의 기준을 확립하는 절차입니다. 전략이란 장에 대한 자기만의 원칙과 기준을 만들어 대응하는 과정으로, 수익을 내기 위해서는 필연적인 절차입니다."

누구나 주식 시장에 진입하면서 손실을 보려고 매매를 시작하지는 않으며, 모두 수익을 갈망합니다. 그러나 그 수익은 아무런 노력 없이, 다시 말해 아무런 원칙과 기준 없이 이루어지지 않으며, 원칙과 기준을 만드는 과정이 공부와 검증입니다.

자기만의 원칙과 기준이 있어야 하며, 남의 원칙과 기준은 아무런 소용이 없습니다. 자기만의 원칙과 기준은 하루아침에 만들어지는 것이 아니라 꾸준한 공부와 검증, 그리고 시행착오를 거치면서 만들어진다는 점을 명심하시길 바랍니다.

김도윤

CONTENTS

ETF
TRADING

more

들어가는 글 - 4

1장. ETF란

세계 금융 투자자들은 왜 ETF를 주목하는가? - 25
ETF(Exchange Traded Fund)란 무엇인가? - 33
국내 시장을 대표하는 ETF - 40

2장. ETF 투자 시 알아야 할 기본 상식

ETF 관련 투자 지표 - 50
국내 ETF의 세금과 분배금 - 60
유동성 공급자(LP) 제도 - 67

3장. 왜 ETF를 매매해야 하는가?

지수가 상승하든 하락하든 수익을 낼 수 있습니다 - 76
적은 금액으로 매매가 가능합니다 - 78
펀드임에도 중도상환 수수료가 없고, 주식처럼 거래하는데 거래세가 없습니다 - 80
자신의 투자 성향에 맞게 레버리지 조정이 가능합니다 - 81
자동적인 분산 투자로 자산배분 효과가 있습니다 - 83
ETF 상품 수가 다양해 단기·중기·장기 매매 모두 가능합니다 - 84

4장. ETF 상품엔 어떤 위험이 있을까?

ETF 상품 '투자 위험등급'을 확인하세요 – 92
원금 보장이 안 됩니다 – 96
ETF 상품도 상장 폐지됩니다 – 99
환율 변동 위험에 노출될 수 있습니다 – 101
실제와 다른 ETF 레버리지와 인버스2X – 103

5장. ETF 매매 시작하기

ETF 계좌개설하기 – 114
ETF 매매 제도 알아보기 – 118
ETF 종목 정보와 주문하기 – 123

6장 ETF 실전 매매를 위한 나만의 도구

DDE(dynamic data exchange -동적 데이터 교환) 활용 – 137
선물 차트에서 옵션등가선과 등가변경선 설정하기 – 144
시가-고가와 시가-저가 신호 설정하기 – 153
KOSPI200 선물지수와 지수 옵션의 교차 연관성 – 157
선물 옵션 교차 차트 만들기와 설정하기 – 162

7장. KOSPI200지수 추종 ETF 상품 실전 매매

시가-저가에 레버리지를 매수하고 시가-고가에 인버스2X를 매수합니다 - 176
단기 매매는 옵션등가선과 등가변경선에서만 매매해야 합니다 - 181
콜 옵션과 풋 옵션의 교차를 알면 확률은 추가로 더 높아집니다 - 186
시가와 중심선을 이용한 실전 매매 - 193

8장. 옵션 마디 가격 뒤집기를 이용한 ETF 스윙 매매

옵션 마디 가격 뒤집기를 이용한 ETF 매매 - 208
섹터지수 ETF 매매 - 216

맺음말 - 224

1장
ETF란

ETF TRADING

more

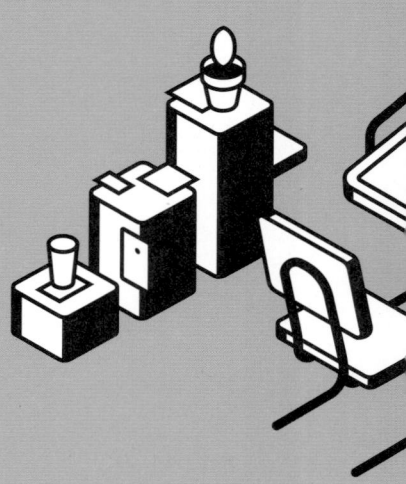

ETF
TRADING

more

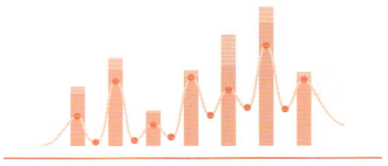

세계 금융 투자자들은 왜 ETF를 주목하는가?

2008년 금융위기를 거치면서 세계 최대 채권운영회사인 핌코(PIMCO)의 최고경영자인 모하메드 엘 에리언(Mohamed A.El-Erian)의 저서 《새로운 부의 탄생 When Markets Collide(2008)》에서 처음으로 사용하면서 널리 알려진 뉴노멀(New-Normal). 2008년 이전까지는 규제 완화와 정보통신 기술의 발달, 금융파생 시장의 확대 등의 금융혁신으로 금융산업이 큰 폭으로 성장하면서 각종 고위험 투자가 증가한 시기였습니다.

이런 고위험 금융상품의 투자 확대는 경제 성장의 동력이라는 긍정적인 면도 있었으나, 반대로 이로 인해 부동산의 가격 거품이 꺼지면서 2008년 글로벌 금융위기의 주요 원인이 되기도 했습니다.

이에 대한 반대급부로 세계 경제는 금융규제의 강화와 고위험 투자의 축소, 그리고 미국 중심의 경제 질서에서 벗어나 신흥국들이 시장에 적극적으로 참여하면서 세계 경제에서 미국이 차지하는 비중이 감소하는 등 새로운 경제 질서가 나타나기 시작했습니다.

다시 말해, 저성장·저금리·저물가의 '3저 시대'가 열리면서 세계 경제는 새로운 대안을 찾기에 이르렀으며, 금융시장도 고위험·고소득보다는 안정적으로 지속적인 성장이 가능한 투자로 환경이 변화되면서 더 이상 저축 등의 고전적인 투자 방식으로 개인이 금융자산을 운영해 시장에서 기대치 이상의 수익을 내는 것은 힘들어졌습니다.

이러한 환경 변화 가운데 전 세계적으로 ETF가 시장의 관심을 받게 되었고, 그 주된 이유는 액티브 펀드에서 패시브 펀드로 투자 패턴이 바뀌게 되었기 때문입니다.

액티브 펀드의 경우 수익과 상관없이 높은 비용을 지불해야 했으며, 이는 손실이 발생해도 고비용의 운영 인력 보수 등으로 비용적 부담으로 작용하기 시작했습니다.

먼저 액티브 펀드에 대해 간단하게 알아봅시다.

액티브 펀드(Active Fund)

- 펀드 매니저가 적극적으로 펀드 운영을 한다.
- 고위험 파생 상품 등에 공격적인 매매로 수익을 극대화한다.
- 손실에 관계없이 운영 인력 비용이 지불된다.
- 적극적인 포지션 변경으로 거래 비용이 상승한다.
- 높은 수수료로 비용이 증가한다.

〈자료 1-1〉 액티브 펀드의 특징

그럼 이제는 패시브 펀드에 대해 간단하게 알아봅시다.

> **패시브 펀드(Passive Fund)**
> - 펀드 매니저가 소극적으로 펀드 운영을 한다.
> - 시장 평균 수익률을 추종한다.
> - 다양한 자산배분 전략으로 안정적인 수익을 추구한다.
> - 장기 투자로 거래 비용이 저렴하다.
> - 낮은 수수료와 배당금 수익도 노릴 수 있다.

〈자료 1-2〉 패시브 펀드의 특징

이처럼 액티브 펀드와 패시브 펀드의 차이는 극명하게 나타납니다.

뉴욕 증시에는 최근 인덱스 펀드(패시브 펀드) 자산 규모가 5년 새 두 배나 증가하면서 액티브 펀드를 넘어섰습니다.

2014년 8월, 2조 600억 달러이던 인덱스 펀드는 5년이 지난 2019년 8월, 4조 2,700억 달러로 두 배가량 증가했지만, 액티브 펀드는 3조 7,800억 달러에서 4조 2,500억 달러로 4,700억 달러 증가에 그쳤습니다.

또한, 가치 투자의 귀재인 워런 버핏은 인덱스 펀드 또는 ETF에 대해 극찬을 했으며 ETF를 21세기 최고의 금융상품으로 회자한 것으로 유명합니다. 미국의 헤지 펀드와 워런 버핏 회장의 설전으로 시작된 내기 이야기는 유명한 일화로 남아 있습니다.

2008년 1월부터 인덱스 펀드와 헤지 펀드 중 어느 펀드가 수익률이 더 높은지 10년간 대결하고 이기는 쪽이 지정하는 자선 단체에 진 쪽이 100만 달러를 기부하는 내기를 한 것입니다.

여기서 워런 버핏 회장은 지수를 그대로 추종하는 '패시브 투자' 방식의 S&P500 인덱스 펀드에 걸었고, 헤지 펀드 회사 '프로티지 파트너스'는 수익률이 좋을 것으로 예상되는 '액티브 투자' 방식의 헤지 펀드에 투자했습니다.

결과는 워런 버핏의 완승으로 마감되었습니다. 워런 버핏이 투자한 S&P500 인덱스 펀드는 10년 동안 7.1%의 수익률을 보인 반면, 헤지 펀드의 누적 수익률은 2.2%에 그쳤습니다.

속사정을 보면 헤지 펀드의 경우, 연 3%의 펀드 수수료가 발생해 결국 승부는 고비용 펀드 수수료를 지불한 액티브 펀드의 패배로 끝났습니다.

이와 같이 액티브 펀드의 경우, 운영 인력과 잦은 매매로 수익의 많은 부분을 수수료와 운영 비용으로 지불해야 하는 단점이 있습니다.

앞에서 액티브 펀드와 패시브 펀드에 대해 간단하게 알아보았습니다. 그렇다면 인덱스 펀드(Index Fund)는 무엇일까요?

인덱스 펀드란 증권 시장의 장기적 성장 추세를 전제로 해서 특정 주가지수의 수익률과 동일하거나 유사한 수익률을 달성할 수 있도록 운용하는 펀드로, ETF도 인덱스 펀드 범주에 포함되며, 인덱스 펀드는 큰 의미에서 지수추종형 펀드 또는 패시브형 펀드라고 할 수 있습니다.

펀드 전체에 대한 이해를 돕기 위해 다음 자료를 참조하면 될 듯합니다.

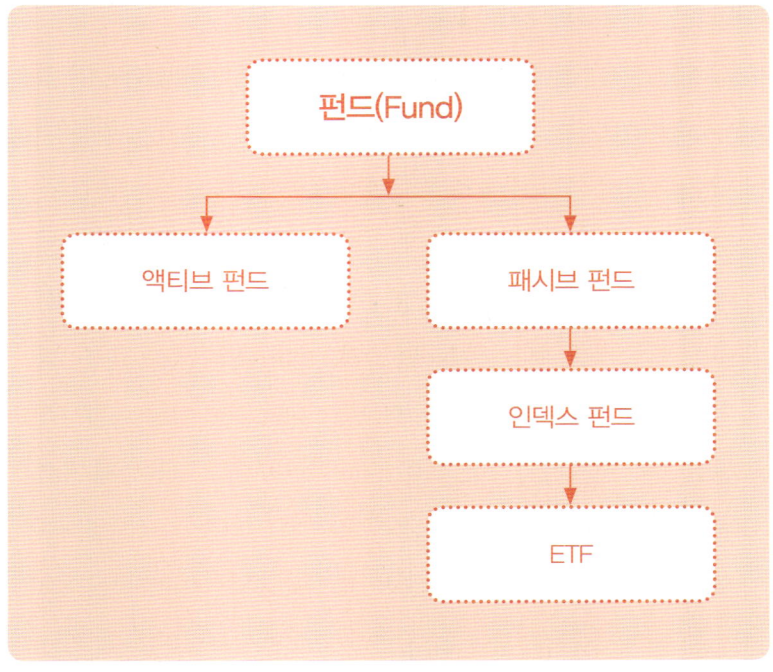

〈자료 1-3〉 펀드의 종류

〈자료 1-3〉에서 보듯이 ETF(Exchange Traded Fund)는 인덱스 펀드의 한 종류이며, 주식처럼 상장되어 증권사 HTS에서 손쉽게 거래할 수 있는 펀드 상품입니다.

그럼 왜 많은 금융 투자자들이 ETF에 관심이 있는지 알아보겠습니다.

첫째, 기존의 펀드들은 증권사나 금융기관을 통해 가입하고 해지 시 해지 수수료 등을 지불해야 했는데, ETF는 그런 비용이나 수고스러움 없이 개인이 직접 계좌를 개설하고 매매할 수 있는 간편한 펀드 상품입니다.

둘째, ETF의 경우 특정 지수를 추종하는 다양한 상품들이 있으며, 거래 단위도 지수화되지 않고 가격적으로 표시되어 증권 거래를 했던 경험이 있는 매매자들은 쉽게 매매할 수 있는 주식 같은 상품입니다.

셋째, ETF 하나만 매매해도 많은 종목에 분산 투자한 효과를 누릴 수 있어 급격한 변동성에서도 안정적으로 매매할 수 있습니다.

ETF 상품 중 주식형 ETF의 경우 최소 10종목 이상에 의무적으로 분산 투자해야 하며, 1종목에 대한 투자 비중이 ETF 전체 자산의 30%를 초과할 수 없는 등 분산 투자 원칙이 지켜지기 때문입니다.

넷째, 저렴한 비용입니다. 일반 펀드의 총보수율이 평균적으로 1% 정도인데, ETF의 경우 2020년 3월 기준으로 총 451개 ETF의 평균 총보수율은 0.33%로, 일반 펀드의 3분의 1 수준으로 저렴합니다. 또한, 주식의 경우 매도 시 거래세 0.25%가 부과되지만, ETF는 주식과 같이 한국거래소에서 매매가 가능하면서도 거래세가 면제됩니다.

다섯째, ETF는 주식과 마찬가지로 환금성이 좋습니다. 통상 일반 펀드의 경우 환매 후 환매 자금 지급일까지 기다려야 하나, ETF의 경우 그럴 필요 없이 매도 후 바로 주식이나 ETF 매수가 가능하며, 주식과 마찬가지로 2거래일 후 결제됩니다. 급한 경우엔 당일 매도 대금 담보대출로 인출도 가능합니다.

여섯째, ETF는 주식처럼 일일이 종목을 고를 필요가 없습니다. 지수 추종형 ETF나 업종 추종 ETF의 경우, 업황이나 장기 시장 상황만 판단하면 되고 선물, 옵션에 비해 변동성이 적어 중·장년층도 쉽게 접근할 수 있고 힘들게 종목을 고를 필요가 없습니다.

일곱째, 주식 시장에 흔히 벌어지는 주가 조작을 할 수 없습니다. 주식 시장, 특히 코스닥 시장에서는 세력들에 의한 시세 조정, 그리고 특정 종목에 대한 외국인과 기관들의 공매도 등에 의한 많은 개인 투자자들의 피해 속출이 어제오늘의 일이 아닙니다.

그러나 ETF 시장에서는 이런 횡포를 부릴 수 없습니다. 지수추종 ETF의 경우, 공매도는 가능하지만 여러 종목에 분산 투자되어 있어 전체적인 시장 상황에 맞게 매매하기에 외국인과 기관의 공매도로 인한 급락이 일어나지 않습니다.

아마도 ETF의 장점을 열거하면 더 많을 것입니다. 세계의 금융 투자자들이 ETF를 극찬하고 인덱스 펀드의 미래형 상품이라 칭하는 이유도 여기에 있을 것입니다.

ETF 시장 규모는 나날이 커지고 있으며, 2020년 7월 10일 기준 일일 매매 대금이 6.1조 원으로, 전년 일일평균 매매 대금 1.3조 원의 다섯 배 정도 증가했습니다.

또한, 순자산은 51조 7,000억 원을 넘었고, 종목 수는 450개를 넘어섰습니다. 이제 ETF는 대세가 아니라 필수가 되어버린 것입니다.

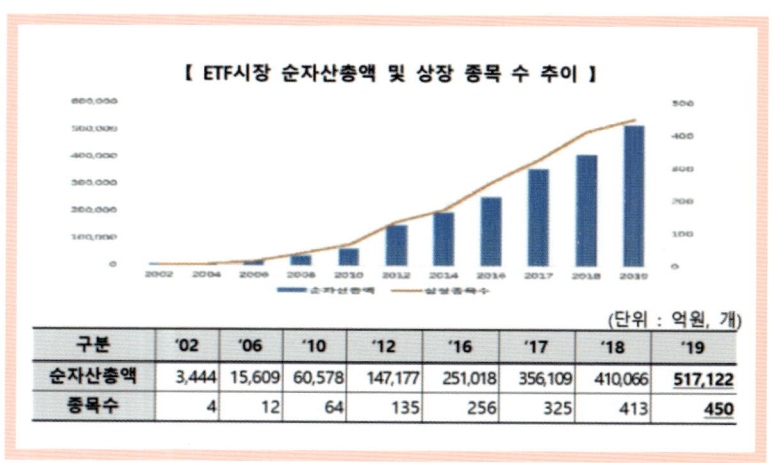

〈자료 1-4〉 ETF 시장 현황   출처 : 한국거래소

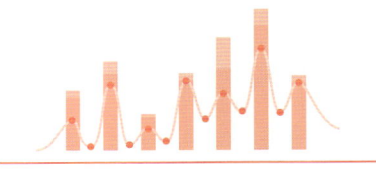

ETF(Exchange Traded Fund)란 무엇인가?

ETF를 시장에선 상장지수 펀드라고 지칭합니다.

상장지수 펀드라는 단어에서 알 수 있듯이 한국거래소에 상장되어 주식처럼 실시간으로 매매할 수 있는 펀드라는 의미가 됩니다. 다시 말해, 펀드의 장점과 주식의 장점을 합쳐놓은 상품입니다. 다음 자료를 보면 이해가 좀 더 쉬울 것입니다.

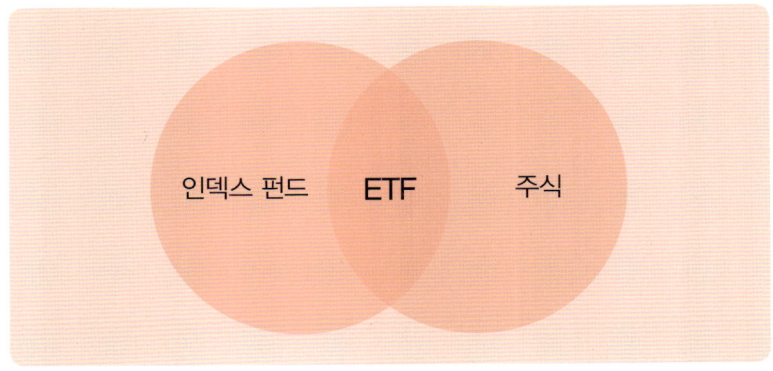

〈자료 1-5〉 ETF 특성

2020년 3월 기준으로 국내 ETF 상품(종목)의 수는 450개를 넘어섰습니다. ETF는 한 가지만 있는 게 아니냐는 초보분들도 있는데, ETF는 자산운용사에서 지속해서 신규 상품이 만들어지고 있습니다.

종목명	현재가	전일대비	등락률	시가총액	거래량
KODEX 200	28,700	▼ 65	-0.23%	4조8,488억	4,308,589주
KODEX 200선…	5,080	▲ 20	+0.40%	2조5,750억	152,406,778주
TIGER 200	28,705	▼ 60	-0.21%	2조5,260억	591,295주
KODEX 레버리지	12,655	▼ 55	-0.43%	2조4,803억	51,245,929주
KODEX 단기채권	102,410	▼ 5	0.00%	1조8,651억	15,417주
TIGER 단기통…	100,585	▼ 10	-0.01%	1조6,719억	204,772주
KODEX 종합채…	110,600	▲ 40	+0.04%	1조1,897억	16,901주
KBSTAR 200	28,755	▼ 40	-0.14%	1조1,803억	189,874주
KODEX 200TR	9,175	▼ 25	-0.27%	1조776억	35,373주
KODEX 삼성그룹	7,150	▼ 65	-0.90%	1조775억	145,514주

〈자료 1-6〉 ETF 상품 종류 예시

국내 ETF 종목들은 여러 종목들이 있으며, 인덱스 지수와 다르게 상품 가치가 주식처럼 가격으로 되어 있어, 누구나 쉽게 종목의 가격을 알 수 있으며, 주식처럼 가격을 보고 매매할 수 있습니다.

ETF 종목은 만들어내는 자산운용사에 따라 종목명 앞에 브랜드 네임을 붙이고 뒤에 추종하는 인덱스지수를 명시하는 게 통상적입니다.

ETF 운용사 현황

운용사명	로고	브랜드	홈페이지
삼성자산운용	KODEX	KODEX	www.kodex.com
미래에셋자산운용	TIGER ETF	TIGER	www.tigeretf.com
한국투자신탁운용	KINDEX	KINDEX	www.kindexetf.com
KB자산운용	K STAR ETF	KStar	www.kstaretf.com
교보악사자산운용	POWER ETF	파워	www.kyoboaxa-im.co.kr
한화자산운용	ARIRANG ETF	ARIRANG	www.arirangetf.com
키움투자자산운용	KOSEF	KOSEF	www.kosef.co.kr
유리자산운용	Yurie	TREX	www.yurieasst.co.kr
마이다스에셋자산	MIDAS ASSET	마이다스	www.midasasset.co.kr
동부자산운용	동부자산운용	마이티	www.dongbuam.co.kr
신한BNP파리바자	SMART	SMART	www.smartetf.co.kr
흥국자산운용	Heungkuk Finance Group	흥국	www.hkfund.co.kr
하나UBS자산운용	하나UBS자산	KTOP	www.ubs-hana.com
대신자산운용	대신자산운용	GIANT	www.ditm.co.kr
동양자산운용	TONGYANG ASSET MANAGEMENT	FIRST	www.tyam.co.kr
KTB자산운용	ktb Asset Management	GREAT	www.i-ktb.com
KDB자산운용	KDB자산운용	PIONEER	www.kdbasset.co.kr

〈자료 1-7〉 ETF 운용사 현황

출처 : 한국거래소

국내 최초로 ETF를 상장한 삼성자산운용의 경우 종목 앞에 KODEX를 브랜드 네임으로 사용하며, 미래에셋자산운용의 경우 TIGER을 붙이고, 키움자산운용의 경우 KOSEF를 브랜드 네임으로 사용하고 있습니다.

따라서 같은 지수를 추종하는 종목이 자산운용사마다 상장되어 있습니다. KOSPI200지수를 추종하게 설계된 상품의 경우, 삼성자산운용에서 상장한 종목은 KODEX 200이며, 미래에셋자산운용에서 상장한 종목은 TIGER 200입니다.

〈자료 1-7〉은 국내 ETF 운용사 현황으로 많은 자산운용사들이 시장에 참여하고 있으며, 자산운용사마다 ETF 상품을 상장해 운용하고 있습니다.

그중 국내 ETF 시장을 처음 개척한 삼성자산운용의 경우, 112개의 종목이 상장되어 있으며, 삼성자산운용의 KODEX ETF 순자산은 약 25조 2,690억 원에 달해 국내 전체 ETF 시장의 53.59%를 차지하며 독보적인 1위를 달리고 있습니다.

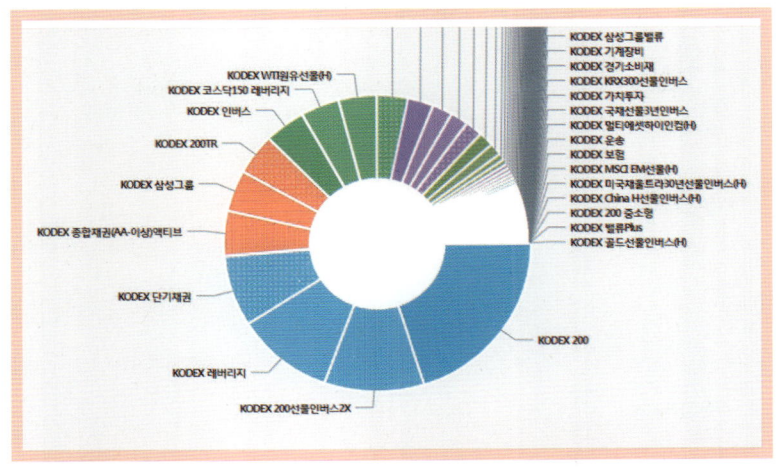

〈자료 1-8〉 삼성운용자산운용 상품 분류   출처 : 한국거래소

그중 간판격인 KODEX 200의 자산 규모가 가장 커 6조 1,199억 원이며, KODEX 레버리지 3조 5,226억 원, KODEX 200 선물인버스2X 1조 6,844억 원으로, 순자산 1조 원 이상인 ETF만 7종목에 이릅니다.

국내 ETF 자산운용사들의 순위는 1위 삼성자산운용(25조 2,690억 원), 2위는 미래에셋자산운용(11조 2,863억 원), 3위는 KB자산운용(3조 3,000억 원), 4위는 한국투자신탁운용(1조 7,000억 원)입니다.

거래대금도 매년 기하급수적으로 증가해 이제는 코스피 하루 거래대금의 67.9%까지 증가했습니다. 2020년 3월 기준 코스피 일일평균 거래대금은 10조 967억 원이었는데, ETF 일일평균 거래대금은 6조 8,572억 원으로 증가했습니다.

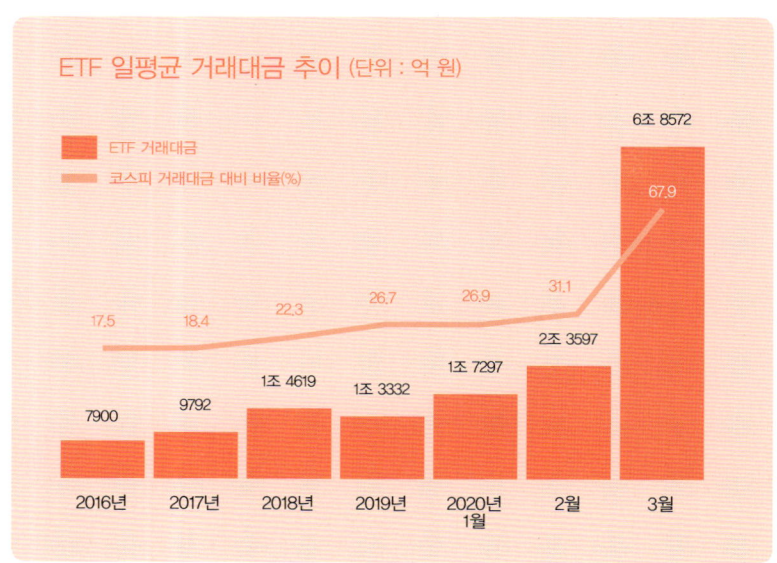

〈자료 1-9〉 ETF 거래대금 추이

출처 : 한국거래소

    이토록 ETF에 시장의 뜨거운 관심이 쏟아지는 이유는 주식처럼 투자가 쉽고, 수익률 또한 좋기 때문입니다.

    아울러 주식 시장에서 기관이나 외국인들의 공매도 등의 횡포로부터 자유로우며, 신용 거래도 가능하고 장 하락 시에도 수익을 낼 수 있는 종목이 존재해 흡사 선물 옵션을 매매하는 것과 같은 편리성이 있기 때문입니다. 또한, 거래세 면제 등 세제적인 측면에서도 주식보다 유리한 점이 많습니다.

구분	ETF	펀드	주식
투명성	높음	낮음	높음
결제 주기	T+2	T+3~8	T+2
거래 비용	증권회사 위탁수수료 및 보수(0.05%~0.09%)	보수(1~3%) 및 중도환매수수료	증권회사 위탁수수료
매매 시 세금	국내 주식형 : 없음 기타 ETF : 배당소득세(15.4%)	배당소득세(15.4%)	증권거래세(0.3%)
투자 위험	시장 위험	시장 위험	시장·개별 위험
장중 거래	가능	불가	가능
거래처	모든 증권회사(직접 투자) 일부 증권회사/은행(간접 투자)	특정 증권회사/은행	모든 증권회사

〈자료 1-10〉 ETF, 펀드, 주식의 차이점   출처 : 한국거래소

위 〈자료 1-10〉에서 보듯이 ETF 상품은 펀드 상품이나 주식과 비교 시 많은 장점을 갖고 있기에 최근 들어 많은 개인 투자자들로부터 관심의 대상이 되고 있으며, 참여자들도 기하급수적으로 늘어나는 추세입니다.

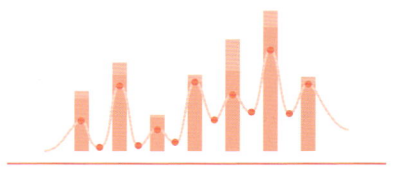

국내 시장을 대표하는 ETF

인덱스는 지수란 의미입니다.

국내지수 중 가장 대표적인 지수(Index)는 코스피 종합지수(Korea Composite Stock Price Index - KOSPI)입니다. 코스피 종합지수는 1980년 3월 코스피 시장에 상장된 모든 종목의 시가총액을 합산해서 100으로 지수화해 출발했고, 2020년 6월 30일 기준 2,108.33으로 1980년 대비 21배 상승했음을 알 수 있습니다.

코스피 종합지수만 보면 그 안에 포함되어 있는 종목들의 개별적인 움직임은 알지 못해도 코스피 시장이 올랐는지 떨어졌는지 바로 알 수 있습니다.

국내 시장에서는 코스피 종합지수 외적으로 시장을 대표하는 여러 종류의 인덱스지수가 있습니다. 선물 옵션 매매에 기준이 되는 KOSPI200지수, KOSPI50과 KOSPI100지수, 그리고 코스닥을 대표하는 KOSDAQ150지수, 코스피와 코스닥을 포함하는 KRX100과

KRX300지수 등이 있습니다.

이러한 지수들이 모두 시장을 대표하는 지수(Index)입니다.

또한, 시장에는 시장을 대표하는 지수만 있는 게 아니라, 시장을 세분화해 업종별로 나누어지는 업종별 지수가 있습니다.

업종별 지수도 KOSPI200 업종별 지수, KOSDAQ150 업종별 지수, 그리고 KRX300 업종별 지수 등으로 다양하게 나뉩니다.

ETF는 이런 지수를 기초 자산으로 추종하는 펀드 종목이라 생각하면 됩니다.

국내 ETF를 간단하게 분류하면 다음과 같습니다.

〈자료 1-11〉 국내 ETF 분류

1장. ETF란 41

명실상부한 국내 시장 대표지수 KOSPI200

KOSPI200(Korea composition stock Index 200)은 코스피 시장을 대표하는 종목 200개를 선정해 만든 지수로, 주가지수 선물과 옵션 거래의 기준으로 작용하기 때문에 우리나라 대표지수라고 봐도 무관할 것입니다.

KOSPI200 종목 선정은 업종별로 어업, 광업, 제조업, 전기가스업, 건설업, 서비스업, 통신업, 금융업 등 여덟 개 산업군에서 시가총액이 많은 순서대로 누적치를 계산해 코스피 전체에서 차지하는 비중이 70% 안에 드는 종목을 대상으로 선정합니다.

한국거래소에서 매년 6월과 12월 두 번째 목요일(선물 6월물과 12월물 만기일)에 KOSPI200 종목을 수정하고 있으며, 수시변경 제도 운영으로 부적합 종목과 상장 폐지 종목 및 관리 종목 등에 대해서 별도의 규정을 두고 수시로 종목 조정을 합니다.

기타 시장 대표지수

(2020.07.10 기준)

구분	지수명	기준시점	발표시점	기준지수	현재지수	전일비	등락률	상장시가총액 (100만 원)
종합지수	KOSPI	1980.01.04	1983.01.04	100	2,150.25	17.65	-0.81	1,455,781,561
대표지수	KOSPI200	1990.01.03	1994.06.15	100	285.06	2.19	-0.76	1,253,436,200
	KOSPI100	2000.01.04	2000.03.02	1,000	2,196.39	17.25	-0.78	1,156,695,945
	KOSPI50	2000.01.04	2000.03.02	1,000	1,999.52	13.04	-0.65	1,016,890,190
	KOSPI200 중소형주	2010.01.04	2015.07.13	1,000	816.55	8.62	-1.04	96,740,255
	KOSPI200 초대형 제외 지수	2010.01.04	2018.11.12	223	214.76	2.18	-1	938,828,660
	KOSPI200 제외 KOSPI지수	2010.01.04	2020.04.27	1,696	2,675.70	3.93	-0.15	147,861,647

〈자료 1-12〉 기타 시장지수   출처 : 한국거래소

    KOSPI 대표지수 중 KOSPI200 외에도 위의 표에서 보듯이 다양한 지수가 있으며, 그중 KOSPI200 중소형주와 KOSPI200 초대형주 현재지수는 기준지수보다도 현 지수가 낮은 것을 알 수 있습니다.

    이처럼 시장에 다양한 시장지수가 있고, 또한 그 지수를 추종하는 다양한 ETF 상품들도 거래되고 있어, 굳이 힘들게 시장에서 종목을 찾고 분석하는 수고스러움을 하지 않더라도 시장 전체지수를 사고파는 ETF 상품을 통해 간편하게 매매할 수 있습니다.

    뒤에서 더 자세하게 설명하겠지만, 섹터지수나 테마지수를 활용한 업종별 매매나 시장 테마를 이용한 매매도 가능한 ETF 매매는 주식 종목 매매와 큰 차이가 없고, 거래할 수 있는 종목 수도 450개나 되어 개인의 취향이나 자금 상황에 맞게 상품을 선택해 매매할

수 있습니다.

심지어 선물, 옵션을 매매하는 파생 매매자들에게도 KOSPI200 지수 추종 ETF 매매는 마진콜이나 고위험으로부터 좀 더 안전하게 매매할 수 있는 장점도 있습니다.

선물 옵션 매매자들 중에는 모의 투자를 하고 시장에 진입하는 경우가 많으나, 모의 투자의 경우 실제로 자금이 투입되지 않기에 실전 매매처럼 진지하게 이루어지지 않고 장난스럽게 매매해 그 실효성이 떨어지는 경우가 많습니다.

따라서 필자는 선물 옵션을 매매하는 매매자들에게도 KOSPI200지수를 추종하는 ETF 상품으로 투자 연습을 하기를 권합니다.

시장이 상승하면 선물 매수 = 콜 옵션 매수 = 풋 옵션 매도의 포지션을 취하는데, KOSPI200지수를 추종하는 KODEX 200이나 KODEX 레버리지의 경우, 같은 포지션이며, 시장이 하락할 경우, 선물 매도 = 콜 옵션 매도 = 풋 옵션 매수의 포지션을 취하며, KOSPI200지수를 추종하는 KODEX 인버스나 KODEX 200선물 인버스2X 상품을 매수하면 됩니다. 1주도 거래할 수 있어 적은 금액으로 실전 매매 연습을 할 수 있는 장점이 있습니다.

more

2장
ETF 투자 시 알아야 할 기본 상식

ETF TRADING

more

ETF
TRADING
more

우리는 주식 거래를 하면서 종목을 선택할 때, 기술적 분석이나 투자 지표 또는 해당 기업의 재무제표 등을 참조해 선택합니다.

특히 주식 투자에서 소위 말하는 주가수익 비율을 나타내는 PER(Price Earning Ratio), 주가순자산 비율을 나타내는 PBR(Price-Book value Ratio), 그리고 유보율 등 많은 투자 지표와 그 회사의 매출과 순이익, 그리고 계열사와 주주 등에 대해 많은 자료를 검토한 후, 종목을 선택합니다. 물론 차트와 기술적 분석으로 종목을 선택하는 경우도 비일비재합니다.

그러면 ETF에는 어떤 투자 지표가 존재할까요?

ETF는 주식처럼 매매할 수 있는 펀드이기에 재무제표는 존재하지 않습니다. 또한, 유보율이나 주식에서 사용하는 종목별 투자 지표는 의미가 없습니다.

그렇다고 ETF에 투자 지표가 전혀 없는 것은 아닙니다. ETF의 가장 큰 투자 지표는 추종하는 인덱스(지수)의 매매 기준을 따라 하면 됩니다. 그리고 ETF만의 투자 지표도 있다는 사실을 알아야 합니다.

그럼 ETF에 어떤 투자 지표가 있는지 알아보도록 하겠습니다.

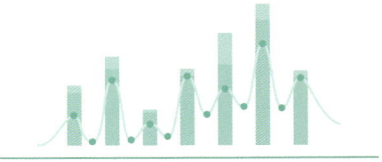

ETF 관련 투자 지표

코스피와 코스닥에 상장되어 거래되는 기업들은 분기별 보고서를 내고 1년이 지나면 결산월(대부분 회사들이 12월 결산임)에 따라 1년 기업 활동에 대해 결산합니다. 통상 1년간의 매출액과 이익 또는 손실 그리고 자산의 증감, 부채의 증감 등에 대해 재무제표를 작성해 외부 회계법인에 감사를 받습니다.

그러나 ETF의 경우, 상장된 기업처럼 1년을 결산해 재무제표를 작성하고 보고하지는 않습니다.

순자산가치(NAV-Net Asset Value)

ETF의 경우 보유하고 있는 자산에 대해서 가격의 변화와 수량의 변화, 그리고 운용사에 지급해야 하는 운용보수를 부채로 해서 장이 마감되면 해당 ETF의 순자산가치(NAV-Net Asset Value)를 공지

합니다.

NAV가 ETF의 본질가치라면 현재의 ETF 가격은 시장가치인 것입니다.

쉽게 KOSPI200의 예를 들어 설명하면, KOSPI200지수가 250.00이라 가정하고 KOSPI200 선물지수가 252.50이면 KOSPI200의 본질가치는 250.00이며, 시장가치는 KOSPI200 선물지수인 252.50이 되는 것입니다.

본질가치와 시간가치는 같을 수도 있지만, 같지 않을 수도 있습니다. 파생 시장에서 KOSPI200 선물지수가 KOSPI200(현물)지수보다 더 높은 것을 선물 고평가(Contango)라 하며, 그 반대인 경우 선물 저평가(Back-warddation)라 합니다.

ETF 역시 본질가치와 시장가치가 일치하는 것이 아니고 항상 약간의 차이를 보이며, 순자산가치(NVA)가 기준 가격의 역할을 합니다. 그럼 예시를 통해 순자산가치(NAV) 산출을 해보겠습니다. T일 OO ETF의 자산 부채 현황과 순자산가치(NAV) 산출 사례입니다.

자산	부채
삼성전자 5,000만 원 (주당 5만 원, 1,000주)	운용사에 지급할 미지급보수 10만 원
카카오 5,000만 원 (주당 25만 원, 200주)	
현금 100만 원	

자산합계(A) : 1억 100만 원
부채합계(B) : 10만 원
순자산(C=A-B) : 1억 90만 원
EFT 발행증권수(D) : 10만 증권 가정 시
1증권당 NAV(C/D) = 1,009원

〈자료 2-1〉 순자산가치(NAV) 산출 사례

자산 : 삼성전자 5,000만 원(주당 5만 원, 1,000주)

카카오 5,000만 원(주당 25만 원, 200주)

현금 100만 원

부채 : 운용사에 지급할 미지급보수 10만 원

발행증권수 : 총발행증권수 10만좌

그럼 T+1일 OO ETF의 자산 부채 현황과 순자산가치(NAV)를 산출해보겠습니다.

자산	부채
삼성전자 주가 5% 상승 : 5,250만 원 (주당 52,500원, 1,000주)	미지급보수 2일 치 20만 원
카카오 5,000만 원 (주당 25만 원, 200주)	
현금 100만 원	
자산합계(A) : 1억 350만 원 부채합계(B) : 20만 원 순자산(C=A−B) : 1억 330만 원 ETF 발행증권수(D) : 10만 증권 가정 시 1증권당 NAC(C/D) = 1,033원	

〈자료 2-2〉 순자산가치(NAV) 산출 사례

자산 : 삼성전자 주가 5% 상승 - 5,250만 원 (주당 52,500원, 1,000주)

카카오 5,000만 원 (주당 25만 원, 200주)

현금 100만 원

부채 : 미지급보수 2일 치 20만 원

발행증권 수 : 10만 좌 (전일과 동일)

삼성전자 5% 상승으로 자산 증가분은 1좌당 25원이며, 부채증가분은 운영보수 미지급 하루치가 늘어서 1원이 발생, 총 24원이 증가함을 알 수 있습니다.

이처럼 ETF는 장 마감 후 당일 순자산가치를 계산해 공지하는 NAV란 지표가 있으며, 이는 한국거래소나 증권사 HTS에서 확인할 수 있습니다.

〈자료 2-3〉은 한국거래소 ETF 상품개요창입니다.

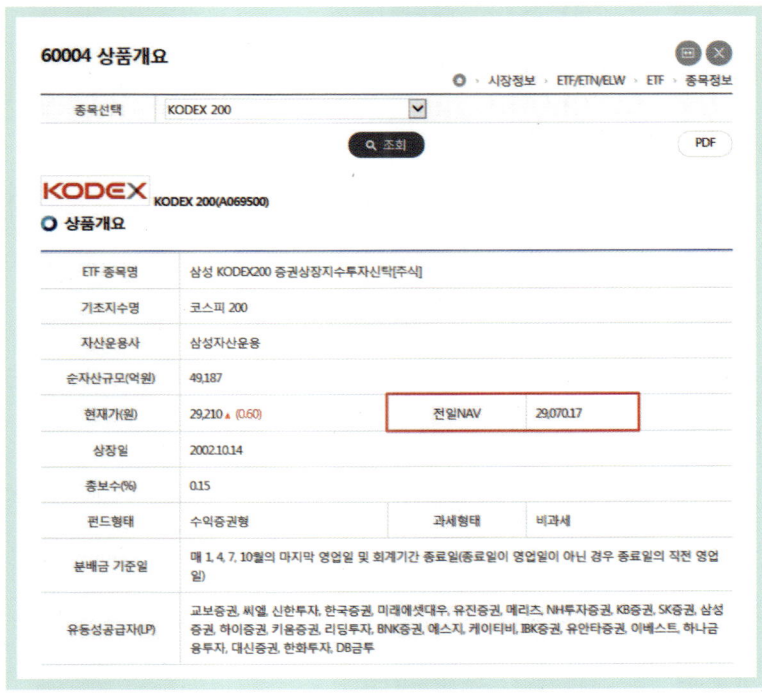

〈자료 2-3〉 KODEX 200 상품개요

지수연동 ETF 중 시장 대표라 할 수 있는 KODEX 200의 상품개요를 보면 전일 NAV가 표시되어 있습니다. 장 마감 후 NAV가 계산되어 다음 날 전일 NAV로 정보가 제공되는 것입니다.

그리고 이 상품개요에는 총운용 보수, 자산운용사 및 펀드 형태, 과세 형태, 분배금기준일과 유동성공급자(LP) 등 해당 상품에 대한 자세한 개요를 확인할 수 있습니다.

실시간 추정 순자산가치(iNAV-Indicative Net Asset Value)

ETF는 기초지수와 연동되도록 설계된 상품이므로 기초지수가 변하면 ETF의 시장가치도 변합니다.

물론 ETF의 실시간 가치를 100% 정확하게 실시간으로 산출하는 것은 매우 어려운 일이기에 추정이란 단어를 사용하지만, ETF 투자 지표 중 ETF의 가치를 실시간으로 가장 잘 보여주는 ETF 가격 지표인 것입니다. 각 증권사마다 실시간 추정 순자산가치(iNAV) 표시 방법은 약간씩 차이가 납니다.

다음 예제는 이베스트증권의 HTS에서 ETF 현재가창입니다.

KODEX 200의 현재가창에서 우측 상단의 상세를 클릭하면 해당 ETF의 상세 정보가 표시됩니다. 빨간 박스는 전일 NAV를 표시하고 있으며, 빨간 박스를 한 번 더 클릭하면 실시간이란 표시 없이 NAV라고만 표기됩니다. 실시간인지 전일인지는 움직임을 보면 알 수 있기에 식별하기 어렵지 않습니다.

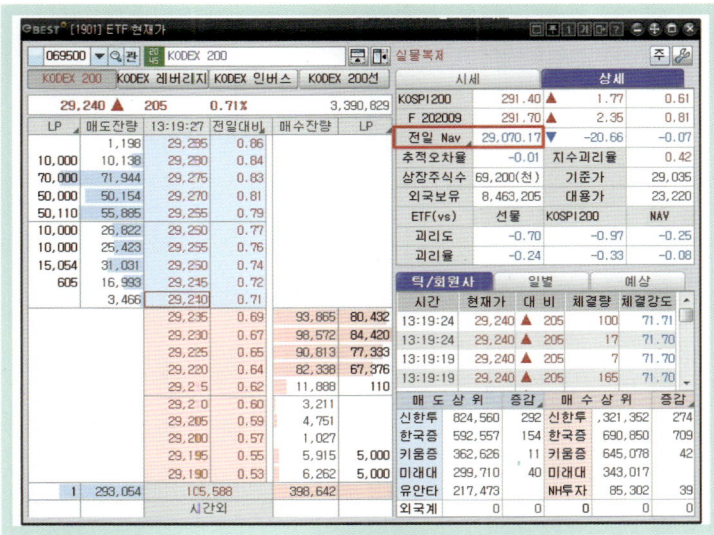

〈자료 2-4〉 ETF 현재가창

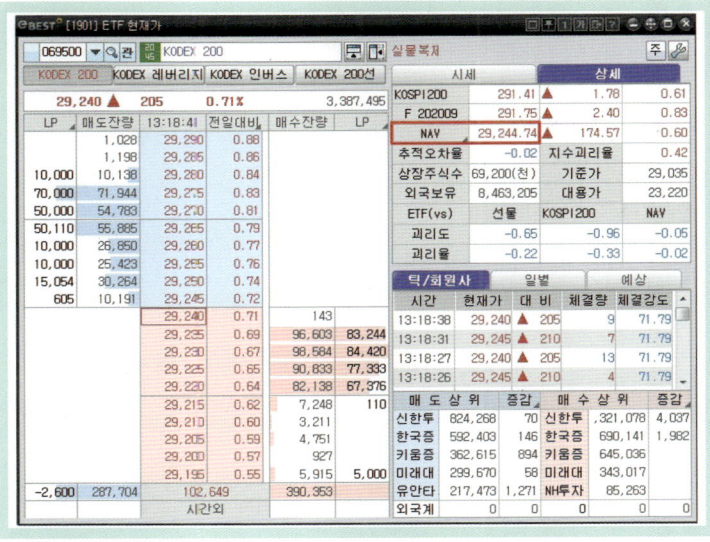

〈자료 2-5〉 ETF 현재가창

2장. ETF 투자 시 알아야 할 기본 상식

ETF에서 PDF란 무엇인가요?

iNAV를 산출하기 위한 계산 방식은 크게 직접 방식(PDF 방식)과 간접 방식(기초지수 방식)의 두 가지로 나뉩니다.

직접 방식은 해당 ETF 상품이 투자하는 자산의 실제 가격 정보를 이용해 계산하고 각 운용사에서 이 자료를 PDF로 작성해 공지하기 때문에 PDF 방식이라 칭하며, 주로 국내 주식형과 채권형 등 기초 자산의 가격 정보가 정확한 국내형 ETF에 주로 사용됩니다.

반면 간접 방식은 실시간으로 가격 정보 파악이 힘든 해외 자산에 투자하는 ETF에서 주로 사용됩니다.

PDF에는 ETF 상품이 보유한 기초 자산의 종목 구성 내용이 있으며, 이는 전날 장 마감 후 작성되어 다음 날 증권 시장에 공시됩니다.

만일 PDF 정산에 오류나 실수가 생기면 실시간 추정 순자산가치에도 오류가 발생하게 됩니다.

다음은 한국거래소 홈페이지에 있는 ETF 상품 중 KODEX 200의 PDF입니다. 삼성전자가 30.29%로 가장 큰 비중을 차지하며, 그 다음이 SK하이닉스 순으로 코스피 시가총액 상위 종목의 비중이 높은 것을 알 수 있습니다.

PDF (상위 10 종목)

구성종목명	주식수(계약수)	액면금액	금액	금액기준 구성비중(%)
삼성전자	8,113.00	-	442,969,800	30.29
SK하이닉스	966.00	-	80,178,000	5.48
NAVER	218.00	-	62,348,000	4.26
셀트리온	179.00	-	56,385,000	3.86
LG화학	79.00	-	42,818,000	2.93
카카오	107.00	-	36,005,500	2.46
삼성SDI	89.00	-	34,754,500	2.38
엔씨소프트	32.00	-	29,600,000	2.02
현대차	243.00	-	26,244,000	1.79
현대모비스	111.00	-	24,142,500	1.65

〈자료 2-6〉 KODEX 200 PDF

ETF 단 한 주를 매수해도 코스피 우량주 여러 종목에 분산 투자한 효과가 있는 이유가 바로 여기에 있습니다.

KODEX 200 ETF 상품 1좌를 매수하면 KOSPI200에 포함된 200개 종목에 분산 투자하게 되어 있는 것입니다.

실시간 추정 순자산가치와 시장가치의 가격 괴리

ETF는 iNAV와 시장 가격 사이에 일정 정도 괴리율이 생깁니다.

이는 앞 장에서 KOSPI200지수와 KOSPI200 선물지수와의 차이를 비유해서 간략하게 소개했습니다.

ETF의 가격 괴리는 KOSPI200과 KOSPI200 선물지수와 가격 괴리와는 다소 다르지만, 가격 괴리가 큰 상태가 오래 지속되는 상품은 투자에 주의해야 합니다.

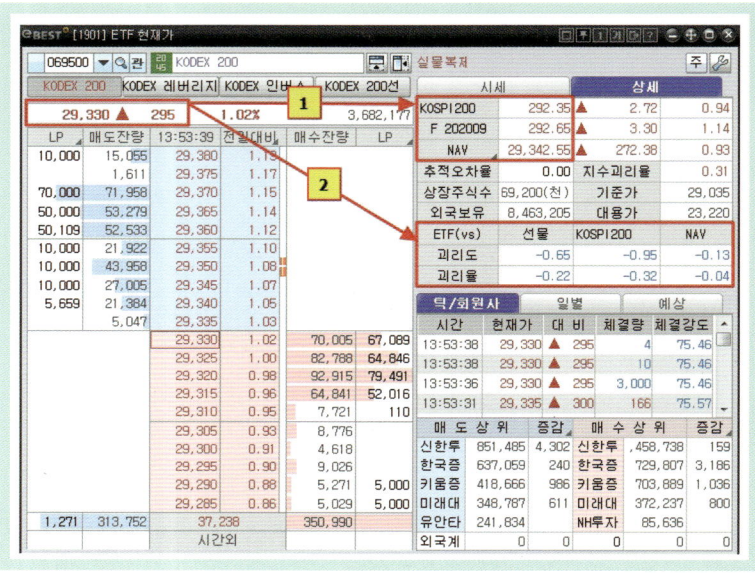

〈자료 2-7〉 ETF 전용 현재가창

〈자료 2-7〉은 이베스트 증권 HTS KODEX 200 현재가창입니다. 2020년 7월 15일 13시 53분 38초 기준 KODEX 가격은 29,330원이며, 1번 노란 박스가 가리키는 곳에 KOSPI200지수(292.35), KOSPI200 선물지수(292.65) iNAV(29,342.55원)입니다.

통상 시장 가격과 iNAV 가격 괴리율을 참조하면 되는데, 이베스트증권 HTS는 KODEX 200 상품이 KOSPI200지수를 추종하게 설계되어 있어 KOSPI200지수와 KOSPI200 선물지수도 표기했고, 괴리도와 괴리율도 함께 참조할 수 있도록 표시해놨습니다.

보통 KODEX 200 시장 가격과 iNAV 가격과의 차이는 50원 미만으로 나타나지만, 유동성이 낮은 종목의 경우 가격 괴리가 크게 나타나는 경우도 종종 발생합니다.

또한, 분배금 지급 시기가 가까워지면 분배금에 과세되는 배당소득세를 피하고자 사전에 매도하려는 경우 가격 괴리가 커질 수도 있고, ETF 증권의 추가 공급 지연 등으로 인해 가격 괴리가 커지는 요인이 될 수 있습니다.

유동성이 낮은 상품의 경우 호가 공백이 발생할 수 있고 호가 공백이 커져서 한두 개 계약으로도 괴리율이 매우 증가하는 경우가 종종 생깁니다.

호가 공백은 유동성과 거래량이 적은 주식에서도 자주 나타나며, 옵션에서도 내가 옵션에서 자주 나타나는 현상입니다. 이런 호가 공백에 의한 가격 괴리율은 통상 바로 제자리로 돌아오는 게 정상이지만, 그렇지 않고 장시간 이어지는 상품은 주의가 필요합니다.

ETF의 시장 가격은 주식과 달리 전망이나 미래가치가 현재 가격에 반영되는 것이 아니라 추종하는 기초지수에 연동되기에 가격 괴리가 할증(Premium)되거나 할인(Discount)되는 것이 해당 ETF 시장 가격에 큰 영향을 미치지는 못합니다. 다만 가격 괴리율이 적은 상품일수록 안전하고 좋은 ETF 상품이라 보면 적절할 것입니다.

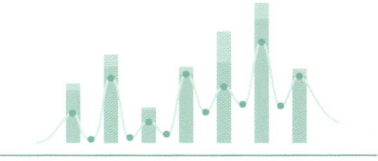

국내 ETF의
세금과 분배금

　국내 시장에서 매매하는 상품 중 주식과 ETF는 공통점이 많습니다. 두 상품 모두 수익을 내서 이익을 실현할 수 있습니다. 다시 말해, 매매를 통한 차익으로 수익 실현을 한다는 의미입니다. 또 한 가지는 주식의 경우 해당 종목의 기업의 실적에 따라 배당금이 지급되며, 이 배당금 또한 수익금에 해당됩니다.

　ETF의 경우 결국 펀드적 개념으로 주식에 투자하는 것이므로 해당 ETF 상품의 구성 종목 중 배당금이 지급되면 해당 ETF에도 그 배당금이 분배되며, 이를 ETF 분배금이라 하며 역시 매매차익 외적으로 추가 수익이 가능합니다.

　국내 시장은 수익이 발생하면 필수적으로 그 수익에 대해 세금이 발생하게 됩니다.

　그럼 이번 장에선 ETF의 분배금과 세금에 대해 좀 더 자세히 알아보도록 하겠습니다.

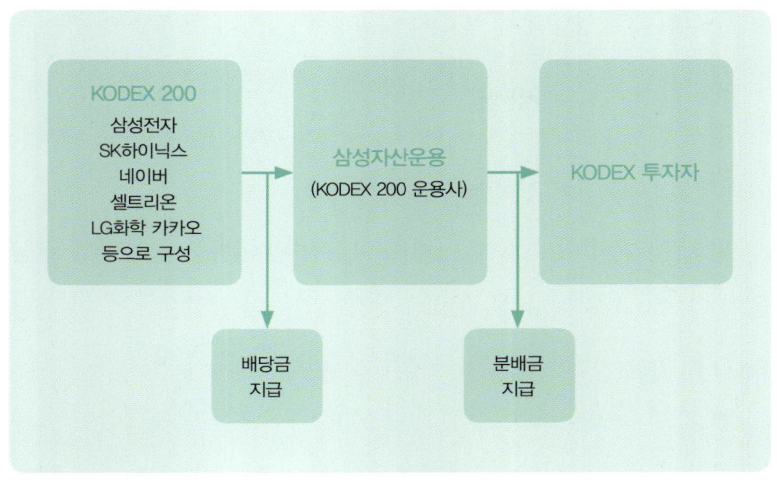

〈자료 2-8〉 분배금 지급 구조

〈자료 2-8〉을 보면 좀 더 이해가 편할 것입니다.

KODEX 200 종목을 예를 들어 설명하면, KODEX 200 종목은 삼성전자 등 KOSPI200 우량주로 구성되어 있으며, 결산 월이 되면 결산해 주주총회 승인을 받고 주주들에게 배당금을 지급합니다.

여기서 KODEX 200에 투자한 투자자들도 KODEX 200 구성 종목을 분산해 보유하고 있는 것이기에 역시 배당금을 수령하는데, ETF 투자자 개개인에게 직접 지급하는 것이 아니라 해당 ETF 상품의 자산운영사에 일괄 지급하게 됩니다.

투자자에게 직접 지급하지 않는 이유는 자산운용사에서 배당금 뿐만이 아니라 ETF가 보유한 현금의 운용 수익과 기초 자산 대여를 통한 이익을 모두 해당 ETF 상품 내에 적립해두었다가 분배금 지급 기준일에 투자자들에게 지급하기 때문입니다.

주식처럼 배당금이라 부르지 않고 분배금이라 부르는 이유는 배당금 외로 다른 수익금도 함께 지급하기 때문입니다.

주식형 ETF의 경우 통상 매년 1월, 4월, 7월, 10월, 12월 마지막 거래일을 분배금 지급 기준일로 정합니다.

일 년에 한 번이 아니라 이렇게 여러 번인 이유는 종목마다 결산월이 다르기 때문입니다. KOSPI 상장기업들의 결산은 12월이 가장 많으나, 3월과 6월에 결산하는 기업들도 있기 때문입니다.

한 가지 알아두어야 할 점은 주식형 ETF 모두가 분배금이 있는 건 아니라는 것입니다. 분배금을 지급하지 않고 재투자해 수익에 반영되도록 설계된 상품도 있다는 것을 알아야 합니다.

2020년 외국인들의 상위 투자 종목 열 개 중 네 개 종목이 TR ETF 종목으로 TR(Total Return)은 분배금을 자동으로 재투자해주고, 세금을 이연(세금납부를 연기해주는 제도)하는 효과까지 있어 투자자들의 관심이 높아지면서 시장 규모도 2017년 1조 613억 원이던 것이 2019년 7조 3,294억 원으로 일곱 배가량 커졌습니다.

지급기준일	실지급일	분배금(원)
2020-04-29	2020-05-06	425
2020-01-31	2020-02-04	50
2019-10-31	2019-11-04	70
2019-07-31	2019-08-02	60
2019-04-30	2019-05-03	465
2018-10-31	2018-11-02	80
2018-07-31	2018-08-02	65
2018-04-30	2018-05-03	460
2017-10-31	2017-11-02	30
2017-07-31	2017-08-02	100

〈자료 2-9〉 KODEX 200 분배금 지급 현황 출처 : 삼성자산운용

〈자료 2-9〉에서 보듯이 KODEX 200의 경우 1년에 총 네 번 분배금을 지급하며, 그중 지급기준일로는 4월, 실지급일로는 5월 지급하는 분배금의 금액이 가장 큽니다. 그 이유는 KODEX 200의 구성 종목 중 12월 결산 법인이 상대적으로 많다는 얘기입니다.

통상 12월 결산 법인들은 12월 31일 주식을 보유한 주주를 상대로 배당 기준을 잡으며, 그다음 해 주주총회를 거쳐 3~4월 중에 배당금을 지급하게 됩니다.

3~4월 중 ETF 자산운용사에 입금된 배당금은 기타 운영수익을 합해 5월에 지급하게 되는 것입니다. 이런 연휴로 통상 ETF 분배금은 지급기준일 4월 말일 기준, 실지금일은 5월에 가장 큰 분배금이 입금됩니다.

앞에서 얘기했듯이 국내 세법은 매매차익이나 배당금, 분배금 등 수익에 대해서 세금을 부가하게 됩니다.

현재 국내에 상장된 ETF는 수익증권 형태로 거래세가 부과되지 않습니다. 그러나 향후 투자 회사형 ETF가 상장된다면 이 상품의 경우엔 증권거래세가 부과될 것입니다.

국내 상장된 ETF의 경우, 유형에 따라 세금 부과가 다릅니다. 국내 상장된 ETF는 주식형 ETF와 기타 ETF로 나눌 수 있습니다.

- 주식형 ETF : KODEX 200, TIGER 200, KINDEX 200, Kstar 200 등 KOSPI200를 기초 자산으로 하는 상품들입니다.
- 국내 기타 ETF 종류
- 파생형 ETF : KODEX 레버리지, KODEX 인버스, TIGER 인버스 등으로 주식형 ETF에서 파생된 상품들입니다.
- 채권형 ETF : KODEX 국고채, KOSEF 통안채, Kstar 국고채 등으로 국내채권을 기초 자산으로 하는 상품들입니다.
- 해외형 ETF : KODEX 중국 본토 A50, TIGER 나스닥 100 등 해외 ETF를 기초 자산으로 하는 상품들입니다.
- 원자재 ETF : KODEX 골드선물(H), TIGER 금속선물(H) 등 해당 원자재를 기초 자산으로 한 상품들입니다.
- 해외 시장 상장 ETF : 해외 시장에 상장된 ETF로 많은 종류와 상품이 있으며, 국내 상장 상품보다 종류가 많고 다양하며 거래량도 많습니다. 그러나 환전 비용 등 부가 비용이 들며 환율 변동성 위험에 노출되어 있고, 국내 시장과 반대 시간에 장이 열리는 시장의 경우 시차가 있어 불편합니다.

구분	국내 상장 ETF		해외 상장 ETF	비고
	국내 주식형 ETF	기타형 ETF		
매매차익	비과세	배당소득세(15.4%)	양도소득세(22%)	보유기간 과세
분배금	배당소득세(15.4%)		소득세 15%(미국)	국내 미징수
금융소득 종합과세	분배금만 대상	분배금, 매매차익 대상	해당 없음	분류과세로 양도소득세로 종결

〈자료 2-10〉 ETF의 세금

공통으로 모든 ETF에는 분배금에 대해 모두 배당소득세가 15.4% 부과됩니다. 투자자에 따라 ETF에서 발생되는 분배금은 금융소득으로 처리되어 2,000만 원 이상의 이자와 배당 소득이 발생하면 금융소득 종합과세 대상이 된다는 점에 주의해야 합니다.

기타 ETF의 경우, 보유 기간 과세 제도이기에 당일 매수 후 매도하면 보유기간 과세가 부과되지 않습니다. 그렇다고 보유 기간이 길면 과세금액이 커지는 것은 아닙니다.

(단위 : 원)

구분	매수(당일)	매도(2거래일 후)	수익
현재가	15,000	17,000	2,000
과표기준가	15,000	14,900	−100

〈자료 2-11〉 ETF 보유 기간 과세 예시

한 가지 예를 들면, KODEX 레버리지 1좌를 15,000원에 매수했고 당일 과표 기준가도 15,000원이면, 당일 매도하면 같은 과표 기준이기에 수익이 없어 세금이 부과되지 않습니다.

그러나 2거래일 후 17,000원에 매도하면 2,000원의 수익이 발생했으니 15.4%의 배당 소득세를 내야 할까요?

답은, 아닙니다. KODEX 레버지리 상품은 수익에 대해 보유 기간 과세를 적용하고 있기에 실제 매수와 매도의 차이와 ETF 과표 기준가 차이 중 작은 쪽이 매매차익 세금 부과의 기준이 됩니다.

따라서 매매차익은 2,000원이고 과표 기준가 차이는 오히려 -100으로 손실이 발생했고 2,000원과 -100원 중 적은 -100이 과세 기준이 되기에 세금은 0이 됩니다.

유동성 공급자(LP) 제도

선물 옵션 파생 시장에서 많은 개인 투자자들이 기관과 외국인들과 반대 포지션에서 매매하는 경우가 많고 또한 개인 투자자들이 많은 손실을 보기에 개인 매매자들을 우스갯말로 "시장에서 진정한 유동성 공급자는 개인들"이라고 비유하곤 합니다.

그러나 ETF 시장에서 유동성 공급자(LP-Liquidity Provider)는 ETF 시장이 원활하게 거래될 수 있도록 유동성을 제공해야 합니다.

ETF 상품에서 LP들은 해당 ETF 자산운용사와 계약을 맺은 별도의 증권 회사가 담당하며, 한 개 이상의 LP와 유동성 공급 계약을 체결하는 게 상장의 필수 조건입니다.

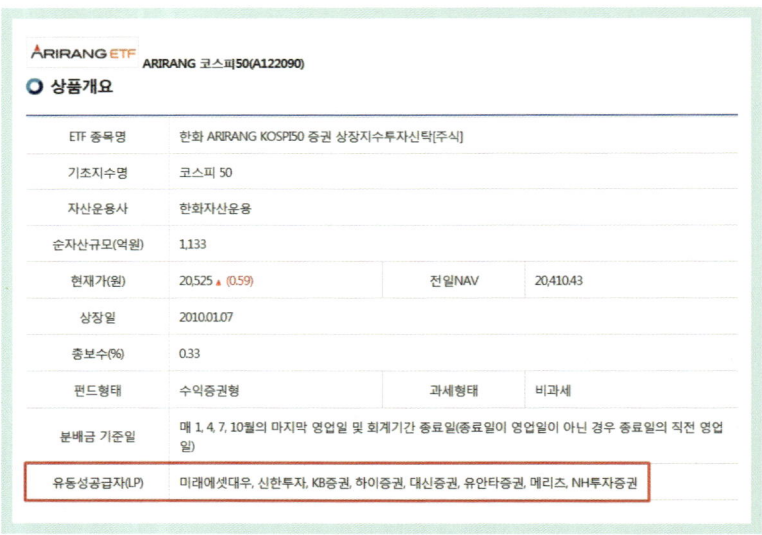

〈자료 2-12〉 ARIRANG KOSPI50 ETF 상품개요

〈자료 2-12〉는 ARIRANG KOSPI50 ETF 상품의 개요입니다.

아래 유동성 공급자를 보면 미래에셋대우를 비롯해 총 여덟 개 증권사가 유동성 공급자로 발행 자산운용사인 한화자산운용과 계약을 맺고 유동성 공급자로 참여하고 있습니다.

LP들은 매수와 매도 양쪽으로 최소 100주 이상씩 호가를 제출해야 합니다.

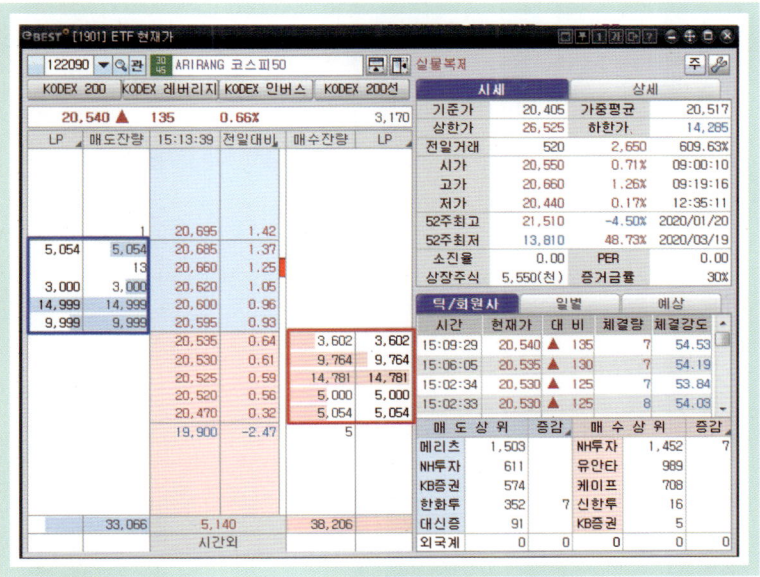

〈자료 2-13〉 ARIRANG KOSPI50 ETF 현재가창

〈자료 2-13〉은 ARIRANG KOSPI50 ETF의 이베스트증권 HTS 현재가 호가창입니다. 호가창 좌측에 매도호가 옆에 LP들의 매도 잔량과(파란 박스), 우측 매수 호가 옆에 LP들의 매수 잔량이(빨간 박스) 표시되어 있습니다.

만일 LP들의 유동성 공급이 없다면 장은 어떤 모습일까요? LP 매도 호가 수량을 빼면 일반 투자자들의 매도 호가는 20,660원에 13주만 남으며, 매수호가도 19,900원에 5주만 남아 무려 700원의 가격 측면의 호가 공백이 발생하게 됩니다.

만일 유동성 공급자가 없다면 이런 ETF 상품의 경우, 정상적인 거래가 될 수 있을까요?

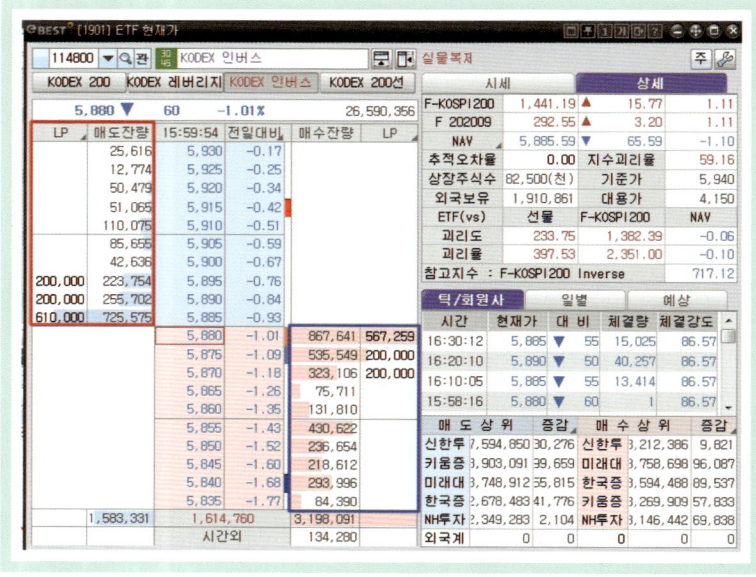

〈자료 2-14〉 KODEX 인버스 현재가창

〈자료 2-14〉는 KODEX 인버스 ETF 상품의 현재가창입니다. 매수와 매도 위아래 3호가씩 LP들의 물량과 일반 투자자들의 물량이 합쳐서 매수와 매도의 호가창 잔량이 많아 실시간 체결에 큰 문제가 없습니다.

반면, 하루에 1주도 거래가 되지 않는 유동성이 낮은 상품들도 존재하지만 유동성이 낮다고 해서 그 ETF 상품 자체가 나쁘다고는 할 수 없습니다. 다만 유동성이 낮다는 것은 일반 투자자들에게 그만큼 관심을 받지 못하고 있다는 것입니다.

또한, LP들은 ETF에서 가격 괴리가 너무 크게 벌어져 비정상적인 가격이 형성되는 것을 막는 역할도 하고 있습니다.

만일 가격 괴리가 자주 일어나고 개선되지 않는다면 한국거래소는 해당 ETF 상품에 대해 자산운용사에 LP 교체를 요구할 수 있습니다. 그렇다고 LP들이 투자자들이 원하는 가격 수준에 반드시 호가를 제출해야 한다거나 거래를 체결시켜야 하는 의무는 없습니다.

LP들은 일정한 기준에 따라 호가를 제출하는 역할을 하며, 실시간으로 변하는 기초 자산의 가격에 따라 자신이 제출한 호가도 수시로 변경해야 한다는 것을 알아야 합니다.

아울러 시가와 종가를 결정하는 단일가매매(시가–8:00~9:00, 종가–15:20~15:30)에는 LP들이 호가를 제출하지 않아도 됩니다.

3장

왜 ETF를 매매해야 하는가?

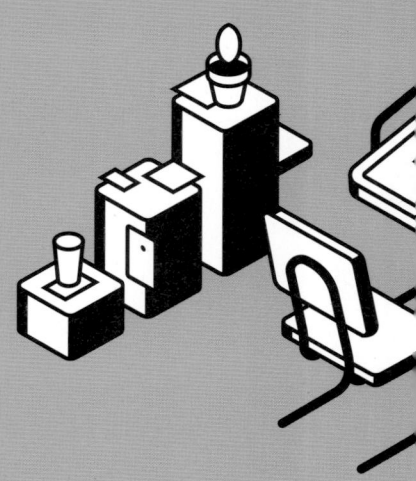

ETF TRADING

more

ETF는 많은 장점을 가진 금융상품입니다.

이제부터 ETF가 어떤 장점이 있는지에 대해 알아보겠습니다.

많은 전문가들이 ETF의 가장 큰 장점으로 꼽는 것이 적은 금액으로 분산 투자가 가능하고 운영이 투명하다는 점입니다.

그러나 실질적으로 시장에서 ETF를 매매하는 실매매자라면 분산 투자에 대한 부분과 투명성에 대한 부분은 피부로 실감하지 못하게 됩니다. 그 이유는 ETF 매매자들은 각 ETF 상품의 구성이나, 운영의 투명성보다는 자신이 거래하는 ETF 상품이 자신의 매매 기준과 맞는지, 그리고 수익률은 얼마나 되는지에 대해 더 관심이 많기 때문입니다.

대부분의 ETF 매매자들이 시장 대표지수를 위주로 매매하기에 더더욱 그렇습니다. 필자는 개인이 ETF 투자를 할 때, 장의 등락과 상관없이 대응할 수 있다는 것이 가장 큰 장점이라 생각합니다.

많은 개인 투자자들이 주식 매매에서 파생 매매로 옮기는 것은 큰 레버리지와 장의 등락에 상관없이 수익이 가능하다는 점에서입니다.

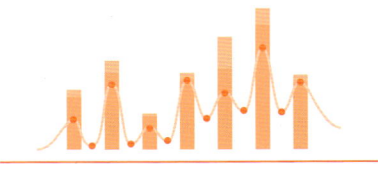

지수가 상승하든 하락하든
수익을 낼 수 있습니다

　　ETF 상품 중 시장 대표지수인 KOSPI200지수를 추종하는 상품의 경우, 상승 시 수익이 나는 상품과 하락 시 수익이 나는 상품이 있어 시장의 등락과 상관없이 개인 ETF 투자자들도 장에서 수익을 낼 수 있습니다. 주식의 경우, 종목이 하락 시 개인은 공매도에 대해 자유롭지 못하기에 손실이 나도 대응할 방법이 없는 게 사실입니다.

　　하지만 ETF에선 인버스와 인버스2X 상품이 있어 지수 하락 시에도 수익을 낼 수 있습니다. 주식 시장에서는 개인 투자자들은 상상할 수 없는 일입니다.

　　물론 파생 시장인 선물 옵션 시장에선 가능하지만, 국내 선물 옵션 시장은 진입 장벽도 높고, 변동성도 심해 자칫 큰 손실을 볼 수도 있고 적은 금액으론 접근할 수 없는 단점이 있습니다.

　　예전에는 국내 옵션 시장에도 '옵션매수 전용계좌'라는 제도가 있어서 증거금 50만 원만 있으면 누구든지 옵션 매수 매매를 할 수 있었습니다. 이런 연유로 국내 파생 시장에서 개인들의 참여율이 높았으며, 그 당시 국내 파생 시장 규모가 세계 1위일 때도 있었습니다.

그러나 정부의 지나친 규제와 세금 부과로 인해 이제는 시장 참여자가 반감해 삼류 시장이 되어버린 느낌입니다. 이후 파생 시장에 참여한 개인 투자자들은 해외 선물 시장 등으로 이탈이 가속화 되었으나 어디에서도 개인 투자자들이 안전하게 수익을 낼 수 있는 곳은 없습니다.

그러나 지수 추종 ETF의 경우, 선물과 옵션 매매를 했던 매매자들에겐 최적의 투자 상품이라 할 수 있을 것입니다. 특히, 지수 선물과 지수 옵션의 경우 KOSPI200지수를 추종하며, 이 점은 ETF의 지수 추종 상품들과 같습니다.

따라서 선물과 옵션의 매매 기법(기준)으로 ETF 매매가 가능하며, 선물과 옵션보다 더 안전하고 수월하게 수익 창출이 가능합니다.

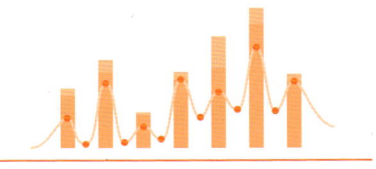

적은 금액으로
매매가 가능합니다

　주식도 적은 금액으로 매매는 가능하나, 주식의 경우 종목도 선택해야 하고 금액이 적을 경우 한 종목에만 투자할 수밖에 없어 위험 회피가 힘듭니다. 또한, 파생 상품의 경우 진입 장벽이 높고 증거금 제도가 있어 적은 금액으로는 접근하기 힘든 구조입니다.

　그러나 ETF의 경우 적은 돈으로도 투자가 가능하고, 지수 추종 ETF나 섹터지수 ETF 상품들은 대부분 우량주에 분산 투자 되도록 구성되어 있습니다. 따라서 적은 금액으로 안전하게 우량주에 분산 투자하는 효과가 있습니다.

　필자는 파생 매매를 준비하는 분들에게 모의 투자는 하지 말라고 합니다. 그 이유는 실질 자금이 투여되지 않는 모의 투자는 손실 시 장난이나 놀이처럼 매매가 변하기 때문입니다.

　그러나 실질적으로 자금이 투여되면 손실에 대해 손절로 대응하고 수익에 대해선 자기 나름의 기준을 만들어 대응하게 됩니다.

다시 말해, 돈 없이 모의로 매매하는 것은 놀이나 게임이 될 수 있다는 이야기입니다. 그러나 실질적으로 돈을 입금하고 실 계좌로 매매할 경우 모든 게 달라집니다.

현실에서 파생 매매 시 기준에 맞게 증거금을 넣고 연습 매매를 하는 것은 리스크가 너무 크기에 소액으로 지수 추종 ETF에 대해 매매하면 파생 매매 기본기를 충분히 다질 수 있고 ETF 매매에 대한 기준이나 매매 기법 등에 대해서도 큰 손실 없이 검증이 가능합니다.

필자는 ETF 투자를 생각하는 개인 투자자들에게 ETF 한 종목에 1만 원이든 10만 원이든 소액으로 관심 있는 ETF 상품을 직접 매매하면서 스스로 공부하고 검증해보길 적극적으로 권합니다

이 시장은 남이 수익을 냈다고 해서 나도 수익을 낼 수 있는 시장이 아닙니다. 수익을 내기 위해서는 누구보다 부지런하고 많은 공부와 올바른 매매 습관 등 갖추어야 할 부분이 아주 많습니다. 또한 반드시 스스로 검증해야 하는 단계를 거쳐야 합니다.

요즘 유튜브를 보면 ETF에 대해 참 많은 영상들이 올라오고 있습니다. 이제 ETF가 주식 매매의 대세인 듯한 인상을 주면서, 누구나 투자하면 안전하게 수익을 낼 수 있다는 이야기를 많이 합니다.

과연 이게 사실인지 아닌지는 개개인들이 검증해야 하는 몫인듯 합니다. 따라서 ETF에 관심이 있고 ETF를 매매하려는 개인 매매자들은 반드시 학습하고, 그 학습을 근거로 소액으로 시작해 매매와 수익에 대한 검증을 거칠 것을 권합니다.

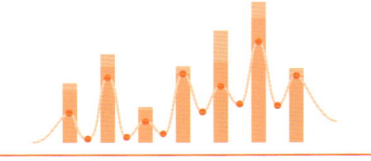

펀드임에도 중도상환 수수료가 없고, 주식처럼 거래하는데 거래세가 없습니다

  ETF도 인덱스 펀드의 일종입니다. 그러나 ETF의 경우 운용 수수료가 연 0.15~0.5%(자산운용사별로 차이가 남)로 낮게 책정되어 있으며, 인덱스 펀드의 경우 운영 수수료가 연 0.35~1.50% 정도이고, 일반 펀드의 경우는 1.50~3.00%로 ETF에 비해 상대적으로 높습니다.

  또한, ETF는 주식처럼 실시간으로 HTS에서 거래가 가능해 언제든지 매매할 수 있고, 일반 펀드의 중도 해지 개념보다는 주식에서의 매도 개념이 더 크며, 언제든지 현금화할 수 있는 환금성이 있습니다.

  따라서 일반 펀드의 경우 중도 해지 시 중도 환매 수수료를 적지 않게 부담해야 하지만, ETF는 주식처럼 매매 수수료만 부담하면 됩니다. 또한, 주식은 매매 시 증권 거래세를 내야 하지만, ETF는 이조차도 면제되어 세금 측면에서도 주식보다 유리합니다.

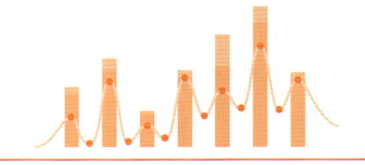

자신의 투자 성향에 맞게 레버리지 조정이 가능합니다

시장 대표지수인 KOSPI200지수를 추종하는 상품에는 시장지수와 같은 비율로 지수를 따라 움직이는 상품이 있고, 두 배의 레버리지를 올릴 수 있는 상품이 있습니다.

가장 거래가 많은 삼성자산운용의 KODEX 200 상품에 대해 알아보면,

- KODEX 200 : KOSPI200지수 일일변동률을 실시간으로 추종하며, 상승 시 수익이 나고 하락 시 손실이 나는 구조
- KODEX 인버스 : KOSPI200지수 일일변동률을 실시간으로 추종하며, KODEX 200과 반대로 하락 시 수익이 나고 상승 시 손실이 나는 구조
- KODEX 레버리지 : KOSPI200의 일일변동률의 두 배를 추종하게 되어 있으며, KODEX 200과 같이 상승 시 수익이 나는 구조

- KODEX 200선물인버스2X : 역시 KOSPI200의 일일변동률의 두 배를 추종하게 되어 있으며, KODEX 인버스와 같이 하락 시 수익이 나는 구조

따라서 안정적인 투자를 원하는 일반 매매자들은 KOSPI200지수를 1배로 추종하는 상품에 투자하면 되고, 좀 더 레버리지 효과를 원하는 투자자들은 두 배를 추종하는 상품에 투자하면 됩니다.

단, 두 배를 추종하게 되어 있는 상품의 경우 손실이 나면 손실액도 두 배라는 사실을 명심해야 합니다. 따라서 KOSPI200을 두 배로 추종하는 상품의 경우 단기 매매로 대응하는 것이 좋으며, 중기나 장기 투자 시에는 더욱 까다로운 기준을 적용하셔야 합니다.

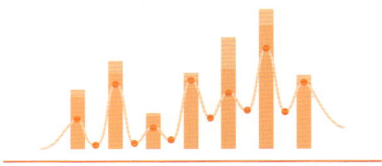

자동적인 분산 투자로 자산배분 효과가 있습니다

시장이 상승해도 하락하는 종목이 있고, 시장이 하락해도 상승하는 종목이 있는 게 주식 시장입니다.

하락하는 종목에 악재가 나오게 되면 일반 매도 물량 외적으로 기관과 외국인들의 공매도 물량까지 합쳐져서 해당 종목의 하락률은 평균 시장 하락률을 상회하게 됩니다.

그러나 ETF의 경우 10여 개 종목에 이미 분산 투자되어 한 개의 종목이 악재로 하락하더라도 악재가 없는 다른 종목이 지수를 방어해 자동적으로 자산배분 효과가 나타나 안전합니다.

또한, 기관과 외국인들의 공매도에도 개별 종목보다 상대적으로 유리한 구조입니다.

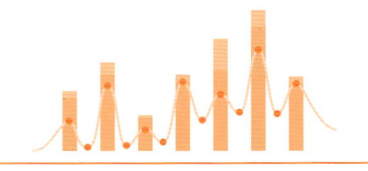

ETF 상품 수가 다양해
단기·중기·장기 매매 모두 가능합니다

ETF 상품에 대해 많은 전문가들이 장기 투자에 유리하다고 이야기합니다. 장기 투자가 유리한 이유 중 하나는 단기 매매 시 ETF의 운용 수수료와 매매 수수료로 인한 비용 증가와 자본 시장의 확대에 따른 미래가치 상승에 대한 손실일 것입니다.

이 책의 앞부분에서 거론했듯이 워런 버핏이 내기에서 이길 수 있었던 이유 중 하나가 패시브 펀드가 액티브 펀드에 비해 운영 수수료가 적기 때문이었습니다.

다시 말해, 5년이든 10년이든 장기 투자 시 펀드 운용 수수료는 무시하지 못할 요인이라는 것입니다. 또한, 단기로 매매 시 매매 수수료도 적잖은 부담이 될 것입니다. 따라서 시장을 추종하는 수익을 원한다면 장기 적립식 투자를 권하는 전문가가 많습니다.

자본주의 시장은 계속해서 자본 확충이 일어나면서 발전하기에 시장 규모가 계속 커진다는 것도 장기 투자가 유리하다는 이유 중 하나입니다. 국내 코스피 시장도 100포인트에서 시작해 현재 2,000포인트를 넘어 20배 이상 성장한 것처럼, 시장은 지속적으로 발전하고 상승한다는 논리입니다.

다시 말해, 국내 시장도 유럽이나 미국 시장처럼 5,000포인트 또는 10,000포인트가 되는 날이 미래에 생길 것입니다. 이는 국내 시장도 지속적인 확장을 하며 코스피 종합지수는 계속해서 커질 수밖에 없기 때문입니다. 부실한 기업은 시장에서 퇴출되고 새로운 기업들이 계속 상장하면서 시장은 성장할 수밖에 없는 것입니다.

따라서 시장 대표지수를 추종하는 인덱스 펀드 성격의 ETF의 경우, 시장이 성장한 만큼의 수익을 낼 수 있는 구조로 되어 있는 것입니다.

5년 후 코스피 종합지수가 5,000포인트에 도달했다면, 지금의 두 배 정도 상승한 것이 되고, KOSPI200지수를 추종하는 ETF 상품의 경우도 두 배 상승해 원금 대비 100%의 수익을 낼 수 있는 것입니다.

이런 근거를 바탕으로 ETF는 장기 투자가 답이며, 한 번에 매수하는 게 아니라 적립식으로 매달 기준을 두고 사서 모아 장기적금처럼 투자하는 금융상품이라고 하는 것입니다.

그러나 한 가지 문제점은 단기 위주의 매매에 익숙해져 있는 개인 투자자들이 과연 주식과 같이 매매할 수 있는 ETF에서 장기간 보유하고 갈 수 있느냐 하는 것입니다. 따라서 필자는 KOSPI200지수 추종 ETF 상품 중 1배 상품의 경우 장기 적립식 투자가 맞지만, 섹터지수 ETF나 테마지수 ETF의 경우 장기 투자보다는 중기적 관점에서 대응하는 것도 좋은 매매 방법이라 생각합니다. 아울러 개인 매매자들이 가장 선호하는 단기 매매에는 KOSPI200지수 추종 상품의 파생형 상품인 레버리지와 인버스2X 상품을 위주로 매매하면 됩니다.

레버리지와 인버스2X 상품의 경우, 단기 투자용으로 만들어진 상품이며 기존 상품보다 수익과 손실이 커 장기 투자에 복리 효과로 인한 부담이 따릅니다. 따라서 레버리지 효과를 이용한 단기 매매에 오히려 적합하다고 할 수 있습니다.

필자의 관점에서 ETF 상품은 장·중기·단기 매매 등 기간 매매에서 다양하게 대응할 수 있도록 많은 상품들이 상장되어 있어 주식에서 종목을 찾는 노력과 파생에서 너무 큰 레버리지로 인한 손실 등에 대해 더 자유롭고 편할 수 있습니다.

다른 ETF 전문가들은 매매 관점보다는 ETF 상품의 본질적인 관점에서 장점들을 많이 피력했고, 대부분의 ETF 전문가들의 관점은 대동소이합니다.

따라서 필자는 개인 투자자들의 입장에서 실전 매매를 할 때, ETF의 장점에 포인트를 두고 정리한 것입니다. 물론 필자의 주장에 동의하는 분도 있을 것이고, 반대하시는 분들도 있을 것입니다.

반대하시는 분들은 자신의 주장에 맞는 매매 기준과 방법을 찾으면 되고 필자의 주장에 동의하시는 분들은 필자가 주장하는 실전 매매에 대해 소액으로 검증해보고 대응하면 되는 것입니다.

more

4장

ETF 상품엔
어떤 위험이 있을까?

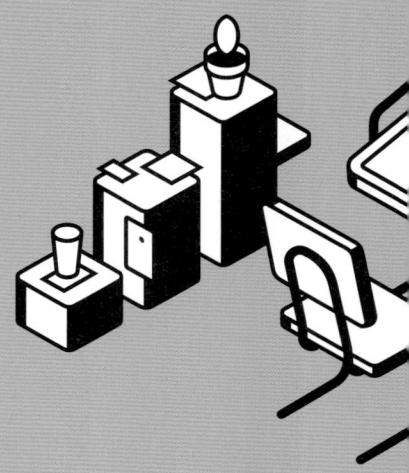

ETF
TRADING

more

많은 사람들이 ETF는 장기 투자 시 손실이 없고 수익만 있는 종목으로 착각할 정도로 시장에서 ETF의 장점만 부각되고 있습니다.

그러나 ETF도 주식이나 파생(선물, 옵션), 해외 상품 거래와 마찬가지로 항상 위험에 노출되어 있습니다.

특히 무리한 욕심을 부리면 큰 손실을 볼 수도 있으며, 해외 상품의 경우 시차에 의한 환 리스크에 항상 노출되어 있습니다.

따라서 ETF 상품의 장점만큼 투자 리스크에 대해서도 알고 투자해야 합니다.

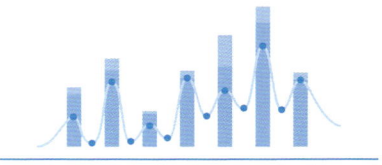

ETF 상품 '투자 위험등급'을 확인하세요

ETF를 운용하는 자산운용사들은 ETF 상품마다 투자 설명서를 제공하는데, 투자 설명서 상단에 해당 ETF 상품의 투자 위험등급이 기재되어 있습니다.

투자자들이 투자 대상 ETF 상품의 위험도를 쉽게 파악할 수 있도록 2009년부터 의무적으로 공시하게 되어 있습니다.

투자 위험등급은 1~6단계로 되어 있으며, 다음 그림은 삼성자산운용(WWW.KODEX.COM) 홈페이지의 KODEX 200 상품정보창입니다.

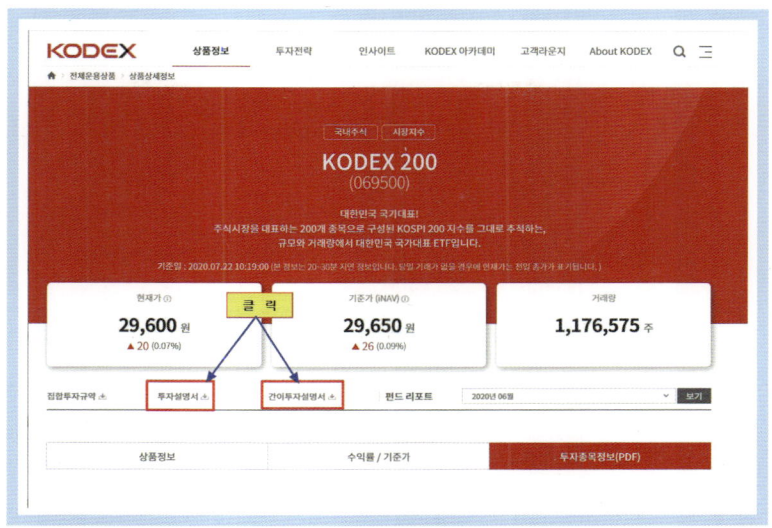

〈자료 4-1〉 KODEX 200 상품정보창

중간의 빨간 박스를 보면 투자 설명서와 간이 투자 설명서 바로 가기 버튼이 있습니다. 간이 투자 설명서를 클릭하시면 상단에 〈자료 4-2〉와 같이 해당 ETF 상품의 투자 위험등급이 표시되어 있습니다. 투자 설명서에도 동일하게 정보가 표시됩니다.

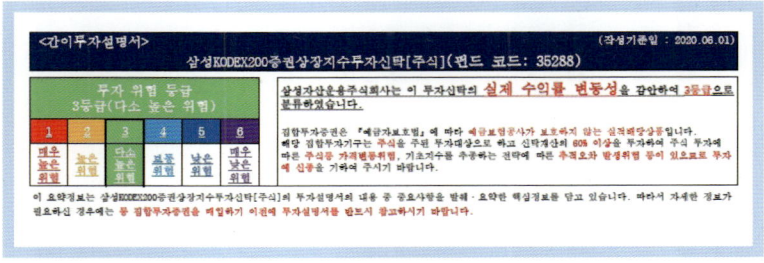

〈자료 4-2〉 KODEX 200 투자 위험등급

4장. ETF 상품엔 어떤 위험이 있을까? 93

KODEX 200 ETF 상품의 투자 위험등급은 3등급으로, '다소 높은 위험'등급입니다.

그럼 KODEX 레버리지 상품 간이 투자 설명서에서 투자 위험등급을 확인해보겠습니다.

〈자료 4-3〉 KODEX 레버리지 투자 위험등급

KODEX 레버리지 상품의 경우 투자 위험등급이 가장 높은 1등급 상품으로 투자 위험이 '매우 높은 위험' 상품으로 분류되어 있습니다.

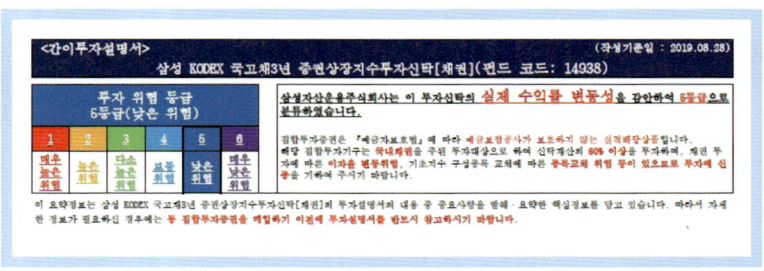

〈자료 4-4〉 KODEX 국고채 3년 채권형 투자 위험등급

〈자료 4-4〉는 KODEX 국고채 3년 채권형 상품으로 투자 위험 등급이 5등급으로 '낮은 위험' 상품으로 분류됩니다.

이와 같이 각 ETF 상품에는 상품마다 투자 위험등급이 설정되어 있으며, 이는 ETF 상품 발행 자산운용사 홈페이지에 접속하시면 쉽게 체크할 수 있습니다.

내가 투자하려는 상품이 어느 정도 투자 위험등급이 있는지에 대해서는 반드시 체크해보시고 매매에 임하시는 것이 올바른 투자 습관의 첫걸음입니다.

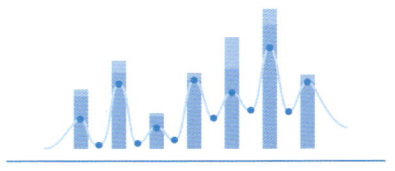

원금 보장이
안 됩니다

시장에서 ETF 상품에 대한 칭찬으로 ETF에 대한 위험이나 단점은 가려져 있는 게 사실이며, 대부분의 일반 투자자들이 이 부분에 대한 인식이 부족한 편입니다.

ETF에 대한 장점 중 하나로 은행 정기예금이나 정기적금보다 수익률이 좋다고 부각되어 있지만, 은행 상품은 원금이 보장된다는 안전망이 있습니다. 반면, ETF의 경우 자신의 투자에 따라 수익은커녕 원금의 손실도 감수해야 합니다.

당연히 개별 주식 종목보다는 안전하지만, 반대로 수익률은 훨씬 적을 가능성이 매우 큽니다. 다시 말해 시장은 '하이리스크 하이리턴'인 것입니다.

2020년처럼 지수 추종형 상품인 KODEX 200이나 KODEX 레버리지를 2월경 매수 보유하고 있었다고 가정하면, 2월 말경부터 코로나19가 확장되면서 시장은 급락하기 시작해 시장 대표지수를 추종하는 ETF의 경우, 거의 모두 50% 가까운 손실을 기록했습니다.

KODEX 200의 경우, 30,000원대에서 19,618원까지 하락하고, KODEX 레버리지의 경우 15,000원대에서 6,165원까지 추락했습니다.

KODEX 레버리지가 더 큰 하락률을 기록한 것은 레버리지에 의한 복리 효과로 인해서 일어난 일입니다. 이 당시 자산배분이나 빠른 손절을 하지 못했다면, 큰 원금 손실로 이어지는 일이 발생하는 것입니다.

그럼 레버리지 복리 효과란 무엇인지 간단하게 설명하고 넘어가도록 하겠습니다. 레버리지나 인버스 2X 상품의 경우, 기준 200이나 인버스 상품에 비해 두 배 더 변동성을 주는 상품 입니다.

예제로 〈자료 4-5〉를 참조해서 설명하겠습니다.

구분	거래일	시가	등락률	대비	종가
지수추종 200	T	10,000	5%	500	10,500
	T+1	10,000	-5%	-525	9,975
	손실률		-0.25%	손실금	-25
지수추종 레버리지	T	5,000	10%	500	5,500
	T+1	5,000	-10%	-550	4,950
	손실률		-1%	손실금	-50

〈자료 4-5〉 복리 효과

시장지수를 추종하는 200 ETF 상품(KODEX 200, TIGER200 등)과 시장지수를 추종하는 레버리지 ETF 상품(KODEX 레버리지, TIGER 레버리지 등)을 비교해 설명하겠습니다.

KOSPI지수 추종 200 ETF 상품이 거래일 T일 시가가 10,000원이라 가정하고 당일 5% 상승해 종가상 10,500원이 되었습니다. 그리고 다음 거래일인 T+1일 날 다시 -5% 하락해 전일 종가에서 525이 빠진 9,975원으로 장을 마감했습니다.

10,000원에서 5% 상승하고 다시 -5% 하락해 등락률이 '0'이 되어야 하는 듯 보이지만, 실질적으론 -25원 손실이 발생하고 -0.25% 하락 마감한 결과가 나옵니다.

여기에 레버리지가 두 배인 지수추종 레버리지 상품을 보면 손실금은 50원에 손실률은 1%로, 지수추종 200 상품보다 손실률이 네 배나 커집니다.

물론 상승 시에도 같은 복리 효과로 더 큰 수익을 낼 수 있으나, 모든 매매는 항상 위험 리스크를 관리할 줄 알아야 성공하는 법입니다. 이러한 효과를 레버리지 복리 효과라 하고, 레버리지와 인버스2X ETF 상품이 장기 투자보다 단기 투자에 적합한 이유이기도 합니다.

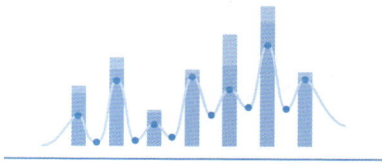

ETF 상품도
상장 폐지됩니다

　국내 코스피나 코스닥, 그리고 기타 시장에 상장되어 거래되는 주식들은 한국거래소가 정한 일정 기준에 미달될 시 관리 종목 지정 및 상장 폐지들의 절차가 이루어집니다.

　한국 거래소 시장에 상장되어 있는 종목들의 경우, 상장 폐지가 되면 해당 주식은 휴지 조각에 비유될 만큼 가치가 떨어져 투자자들에게 큰 손실을 안겨줍니다.

　ETF도 일반 주식과 같이 일정 기준을 채우지 못하면 상장 폐지될 수 있습니다. 그러나 주식처럼 휴지가 되는 것은 아니며, ETF가 상장 폐지되더라고 투자자들에게 투자금은 돌려줍니다.

　단, 원금을 돌려주는 것이 아니라 상장 폐지 시점의 ETF의 순자산가치(NAV)대로 계산해 투자자들에게 지급됩니다.

구분		상장 폐지 기준
ETF 공통	상관계수	ETF의 1좌당 순자산가치의 일간 변동률과 ETF의 기초지수의 일간 변동률의 상관계수가 0.9 미만이 되어 3개월간 계속되는 경우
	유동성 공급계약	유동성 공급계약을 체결한 LP가 없는 경우 또는 모든 LP가 교체 기준에 해당하게 된 날부터 1개월 이내에 다른 LP와 유동성 공급계약을 체결하지 않는 경우
	상장 규모	신탁원본액(자본액) 및 순자산총액이 50억 원 미만 사유로 관리 종목으로 지정된 상태에서 다음 반기말에도 해당 사유가 계속되는 경우
	신고의무	고의, 중과실 또는 상습적으로 신고의무를 위반한 경우
	투자신탁 해지	법 제192조 제1항 또는 제2항에 따른 투자신탁의 해지 사유에 해당하는 경우
	투자자 보호	공익 실현과 투자자 보호를 위해 상장 폐지가 필요하다고 거래소가 인정하는 경우
합성 ETF	영업 인가	거래 상대방의 장외 파생상품 투자 매매업 인가가 취소되거나 공신력 있는 금융회사로서의 지위를 상실한 경우
	신용 등급	거래 상대방의 신용 등급이 투자 적격등급에 미달하는 경우
	순자본비율	거래 상대방의 순자본 비율이 100% 미만이 되어 3개월간 계속되는 경우
	감사 의견 등	거래 상대방이 감사 의견 부정적 의견거절 영업의 중단, 부도, 자본금 전액 잠식, 회생절차 개시 신청, 법률에 따른 해산 등에 해당하는 경우
	계약 체결	거래 상대방과의 장외 파생상품 계약 만기일 전에 계약이 종료되거나 만기가 도래한 경우로서 그에 상응하는 계약이 없는 경우

〈자료 4-6〉 ETF 상폐 기준   출처 : 한국거래소

또한 상장 폐지의 우려가 있는 ETF 상품의 경우, 사전 공시나 시장 안내를 통해 투자자가 충분히 인지하고 대응할 수 있도록 하고 있습니다.

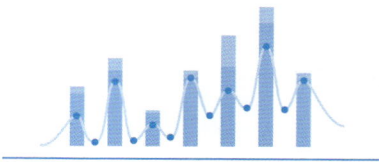

환율 변동 위험에 노출될 수 있습니다

해외 자산에 투자하는 ETF 중 뒷자리에 (H) 표시가 되어 있는 상품의 경우 환율 변동에 따른 위험을 제거한 '환헤지형' 상품이라 부르며, (H) 표시가 없는 해외 투자 상품의 경우, '환노출형' 상품이라 부릅니다.

KODEX 골드선물(H), TIGER 미국S&P500선물(H) 등 '(H)' 표시가 되어 있는 상품들은 모두 환헤지형 상품으로 환율의 변동 따른 위험에서 자유롭습니다.

'H'자가 있다고 모두 환헤지형 상품은 아닙니다. KODEX CHINAH 같은 경우 괄호가 없으며, 여기서 의미하는 H는 홍콩 시장을 의미하는 것입니다. 반드시 '(H)' 자가 ETF 상품명 마지막에 붙어 있어야 합니다.

환헤지형 ETF 상품이나 환노출형 ETF 중 어느 것이 더 좋고 나쁘다고 할 수는 없으며, 해당 국가의 통화 대비 원화의 가치가 상승하면 환손실이 발생하고, 원화의 가치가 하락하면 환이익이 발생하는 구조이기에 예기치 못한 수익과 손실이 발생하는 구조입니다.

그러나 일반 투자자 입장에서 환노출형 ETF 상품에 투자한다는 것은 기초지수의 변동과 환율 변동을 모두 고려해야 하는 어려움이 있기에 국내 일반 투자자들은 환헤지형 ETF 상품을 더 선호하는 측면이 있습니다.

특히 환노출형 ETF 상품은 글로벌 악재가 발생할 시 예기치 못한 환손실을 초래할 수 있는 위험에 노출되어 있습니다. 따라서 해외 자산에 투자하는 ETF 상품 투자 시에는 환헤지형인지 아니면 환노출형인지 정확하게 인지해야 합니다.

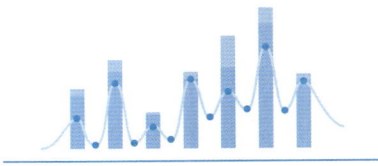

실제와 다른 ETF 레버리지와 인버스2X

2009년 인버스 ETF 상품 상장 이후 국내 주식, 국내 채권, 해외 주식, 원자재, 통화 등 다양한 자산을 대상으로 하는 인버스 상품이 상장되었습니다.

인버스 상품은 기초 자산의 가격이 하락하는 경우에 수익을 낼 수 있는 상품으로, 옵션으로 비유하면 풋 옵션(Put Option)과 비슷한 상품입니다.

레버리지와 인버스2X 상품은 매매자들의 다양한 욕구에 부응하기 위해 만들어진 상품이며, 기초 자산의 일일 변동률의 두 배를 추종하게 되어 좀 더 공격적인 매매를 원하는 매매자들이 많이 참여하게 되었습니다. 레버리지와 인버스2X 상품은 기초 자산 가격의 하루 변동률의 두 배로 연동하게 구성된 상품으로, 일반 ETF 상품에 비해 두 배에 가까운 수익과 손실이 날 수 있는 상품입니다.

앞에서 복리 효과에 대해 간단하게 설명했듯이, ETF 레버리지 상품과 인버스2X 상품은 장기 투자에 의한 기초 자산 가격을 추종하는 것이 아니라, 당일 기초 자산 가격만 추종하게 설계되어 있는 상품입니다.

따라서 ETF 레버리지 상품과 인버스2X 상품의 경우, 복리 효과로 당일 수익률의 합과 일정기간 누적 수익률의 합이 같지 않습니다.

구분	기초지수		레버리지 ETF(2배)		레버리지 효과	
	지수	일반 수익률	NAV	일반 수익률		
–	100.0		100.0			
1일차	96.0	-4.0%	92.0	-8.0%	200%	
2일차	99.0	3.2%	97.8	6.3%	200%	일반 수익률의 각각 2배
3일차	102.0	3.0%	103.7	6.1%	200%	
누적 수익률	2.0%		3.7%		183.7%	누적 수익률은 2배가 아님

〈자료 4-7〉 KODEX 레버리지 상품의 투자 유의사항

출처 : 삼성자산운용

〈자료 4-7〉은 삼성자산운용 홈페이지에서 KODEX 레버리지 상품의 투자 유의사항을 안내한 내용입니다. 예시와 같이 KODEX 레버리지의 일별 수익률은 기초지수 일별 수익률의 각각 두 배지만, '누적 수익률의 경우 기초지수의 2.0%, KODEX 레버리지는 3.70%로 기초지수 누적 수익률의 두 배인 4.0%가 되지 못합니다'라고 경고하고 있습니다.

〈그림 4-8〉 기간별 수익률 비교   출처 : 삼성자산운용

아울러 '기초지수 누적 수익률이 플러스(+)이거나 0%(제로)에 가까움에도 불구하고 동기간 KODEX 레버리지의 수익률은 마이너스(-)를 기록할 수 있습니다'라고 KODEX 레버리지 상품에 대한 주의사항을 명시했습니다.

특히 추세 없이 박스권에서 등락을 거듭할 경우, 레버리지 상품과 인버스2X 상품의 수익과 손실은 기초 자산의 수익보다 적고 손실은 더 클 수 있습니다.

그러나 장의 추세가 생기고 강한 흐름으로 상승 또는 하락할 경우엔 기초 자산의 두 배에 가까운 수익과 손실이 나게 되어 있습니다.

이러한 이유로 ETF 레버리지와 ETF 인버스2X 상품은 중기나 장기 또는 적립식으로 투자할 경우 손실을 키울 수 있는 단점이 있으며, 중기나 장기보다는 단기 매매가 적합한 상품입니다.

ETF 레버리지 상품은 2010년 상장 당시 9,770원에 거래가 시작되었으며, 10년 가까이 흐른 2020년 7월 24일 기준 13,010원으로

33.16% 상승한 반면, 기초지수인 KOSPI200지수는 208.70포인트에서 290.66포인트로 39.27%로 기초지수보다 못 한 누적 수익률을 기록하고 있습니다.

    국내 시장이 미래에 아무리 지수가 높게 상승한다고 해도 위아래로 변동을 주면서 우상향하기에 투자 기간이 길면 길수록 기초지수 수익률의 두 배와 다른 결과를 나타내는 것이 레버리지와 인버스2X 상품의 특징임을 알아야 합니다.

more

5장
ETF 매매 시작하기

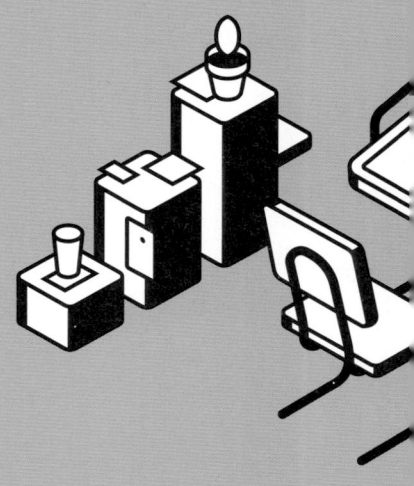

ETF TRADING

more

ETF 매매를 시작하려면 계좌를 먼저 개설해야 하기에 개설할 증권사를 선택해야합니다. 증권사 선택의 기준은 개인마다 다를 수 있지만, 몇 가지 체크해야 할 항목이 있습니다.

매매를 시작할 증권사를 선택할 때, 고려해야 할 주요 포인트는 다음과 같습니다.

첫 번째 : 거래 수수료
두 번째 : 다양한 정보성
세 번째 : 거래 체결의 속도와 HTS의 안전성입니다.

물론 사용 편리성을 말하는 분들도 있는데, 대부분의 HTS는 외주로 개발되기에 비슷한 플랫폼을 기반으로 해서 차트나 구성 등의 여건들이 비슷하며, 자주 사용한 것이 익숙하고 편리하기 마련입니다.

따라서 첫 번째, ETF 매매를 시작하기 위한 증권사 선택은 신중하게 해야 합니다. 자칫 자주 사용해 익숙해졌는데, 정보성이나 매매 시 빠른 체결이 안 되고 잦은 오류가 생긴다면 다른 증권사로 옮기기가 쉽지 않아집니다.

비대면 계좌개설 시 한 증권사에 계좌를 개설하면 20일이 지나야 다른 증권사에 계좌개설이 가능하니 처음 계좌를 개설 후 20일이 지나면 추가로 다른 증권사 한 곳 더 계좌를 개설하는 것도 좋은 대비책이 됩니다.

요즘 대부분 증권사들이 거래 수수료는 면제해주는 이벤트를 벌이고 있습니다. 그러나 수수료는 거래 중계를 하는 증권사의 거래 수수료가 있고 유관기관 수수료가 있습니다.

여기서 이야기하는 유관기관이란 한국거래소와 한국예탁결제원을 말하며, 총 유관기관 수수료는 0.0036396%(한국거래소 : 0.0027209%, 한국예탁결제원 : 0.0009187%)로 증권사별로 이 유관기관 수수료를 다르게 측정하고 있습니다.

또한, 유관 기간 수수료는 주식의 경우이며, 수수료 무료 이벤트를 하는 증권사들 대부분이 주식에 한해서 무료 이벤트를 진행하고 있습니다. 그러나 증권 중에 주식과 ETF에 대해서도 무료 수수료 이벤트를 하는 증권사들이 있으니 잘 알아보시고 선택하시면 됩니다.

두 번째로 정보성인데, 각 증권사마다 HTS에서 제공하는 정보는 조금씩 다릅니다.

예를 들어, ETF 레버리지나 인버스는 보유기간 과세 상품이기에 과세기준가가 있는데, 과표기준가에 대한 정보를 제공하는 증권사가 있는가 하면 제공하지 않는 증권사도 있습니다.

모든 증권사가 동일하게 정보를 제공하지는 않습니다. 따라서 더 많은 정보를 제공하는 증권사 선택이 중요합니다. 특히 파생상품에서는 정보성이 더더욱 중요한 역할을 하고, 요즘은 대부분의 일반 매매자들도 동적분할 데이터 (Dynamic Data Exchange)를 엑셀연동으로 해 보다 편리한 매매 도구를 만들어 쓰는 편이어서 더욱 정보성이 중요시됩니다.

세 번째로, 빠른 체결 속도와 HTS의 안전성입니다.

급등락 시 호가는 우리가 상상하는 이상으로 빠르게 움직입니다. 상승이나 급락 시에 대비 미리 주문해놓은 물량들이 매수와 매도로 출회되어 호가의 움직임을 주문이 따라가지 못하는 경우가 생깁니다.

이런 현상은 거래량이 적은 종목이 급등락할 때 나타나는 경우가 많으며, HTS 주문 속도가 빠르지 않은 증권사의 HTS의 경우 주문이 계속 오류가 발생하고 결국엔 다운되는 경우도 발생합니다. 특히 옵션과 같이 레버리지가 큰 상품의 경우, 비상 주문도 들어가지 않는 경우가 있습니다.

필자도 제2연평해전 때 풋 옵션을 매수해 오버하고 다음 날 시초가에 매도하는데, 미리 주문 넣어둔 물량의 절반은 매도가 되었지만, 나머지 물량은 HTS 오류로 주문을 넣지 못해 곤욕을 치른 적이 있습니다. HTS의 이런 오류에 대해 증권사로부터 손해배상을 받기는 하늘에 별 따기처럼 어렵습니다.

처음 증권사를 선택할때, 인터넷 등 사용자들의 후기를 잘 검색해 안전하고 빠른 주문 체결이 되는 증권사를 선택하시는 게 중요합니다.

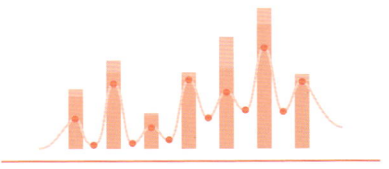

ETF 계좌 개설하기

ETF를 매매하기 위해서는 증권 계좌를 개설해야 합니다. 증권 계좌개설 방법은 크게 네 가지로 나눌 수 있습니다.

첫 번째 : 각 증권사 홈페이지를 통한 온라인 비대면 계좌개설
두 번째 : 모바일에 각 증권사 앱(APP)을 설치해 비대면으로 계좌개설
세 번째 : 각 증권사 지점이나 영업점을 방문해 개설하는 오프라인 개설
네번째 : 각 증권사 제휴 금융기관을 방문해 개설하는 오프라인 개설

이렇게 네 가지 경로로 증권 계좌를 개설할 수 있으며, 요즘은 첫 번째와 두 번째 방법이 중권사 계좌개설에 많이 사용됩니다.

비대면 계좌개설은 증권사들의 인건비 절약과 지점 및 영업점 축소로 증권사들의 수익성 제고를 위해 시작되었지만, 코로나19로 언택트(UNTACT)가 강조되는 시점에서 비대면 계좌개설은 대세가 되어버렸습니다. 따라서 증권사마다 비대면 계좌개설 시 많은 혜택을 주고 있습니다.

장년층이나 노령층의 경우 비대면으로 계좌를 개설하는 단계부터 힘들어하지만, 각 증권사들은 비대면 계좌개설 도우미 등을 이용해 장년층이나 노령층도 비대면으로 쉽게 계좌를 개설할 수 있도록 도움을 주고 있습니다.

또한 증권사들의 지점과 영업점 축소, 그리고 온라인 전용 증권사의 탄생으로 이제 길거리에서 예전처럼 증권사 간판을 찾는 게 쉽지 않을 정도로 증권사들의 지점과 영업점들의 숫자가 줄어들었습니다.

증권 계좌개설 방법은 선택한 증권사의 홈페이지에 접속하시면 자세하게 설명되어 있습니다.

〈자료 5-1〉 이베스트증권 홈페이지

　〈자료 5-1〉처럼 이베스트증권(www.ebestsec.co.kr) 홈페이지에서 고객센터를 클릭하면, 계좌개설 안내 메뉴가 나오고 계좌개설 안내 메뉴에는 여러 경로로 계좌를 개설하는 자세한 설명과 동영상 자료가 준비되어 있습니다.

〈자료 5-2〉 키움증권 홈페이지

　　키움증권 역시 홈페이지에 접속해 상단 메뉴에서 온라인지점을 클릭하면 계좌개설에 대해 자세하게 설명되어 있습니다. 각 증권사마다 홈페이지에 접속하면 이와 같이 계좌개설 방법과 계좌개설 시 이벤트 및 수수료에 대해 자세하게 설명해놓았습니다.

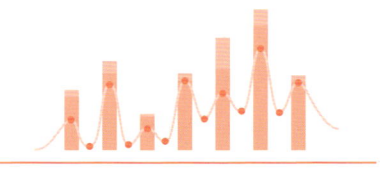

ETF 매매 제도 알아보기

ETF 종목명 알아보기

ETF 매매를 시작하려면 매매할 ETF 상품을 선택해야 합니다.

ETF 종목명에는 중요한 상품정보가 포함되어 있어 ETF 종목명을 알면 상품의 특징을 간략하고 쉽게 파악할 수 있습니다.

브랜드명	상품명	합성ETF 및 환헤지 여부
KODEX	골드선물	(H)
TIGER	차이나A레버리지	(합성)
KINDEX	일본인버스	(합성H)
KOSET	10년국고채	

〈자료 5-3〉 ETF 종목명

① ETF 상품을 만들어 운용하는 운용사별로 ETF 상품에 대한 브랜드가 있고, 그 브랜드명을 상품 제일 앞에 붙이게 됩니다. 따라서 ETF 브랜드명을 알면 운용하는 자산운용사를 알 수 있습니다.

② ETF 투자 상품의 대상이 선물인지, 현물인지 아니면 레버리지나 인버스인지 알 수 있습니다.

③ 합성 ETF의 경우 일반 ETF와 다른 신용위험 등이 존재해 별도로 (합성)을 표시하며, 환헤지 상품은 환노출 상품과 구분하기 위해 (H)를 표시합니다.

ETF 매매 제도

- 매매 거래 시간 :
  - 정규 시장(9:00~15:30)
  - 장전 시간 외(08:30~08:40, 전일 종가 거래)
  - 장후 시간 외(15:40~16:00, 당일 종가 거래)
- 매매 수량 단위 : 1좌(증권)
- 매매 호가 가격 단위 : 5원
- 가격 제한폭(상한가, 하한가) : 기준 가격에 상하로 30%를 곱한 금액(레버리지와 인버스2X 상품은 연동하는 배율을 곱한 배금액)
- 주문의 종류 :
  - 지정가 주문(주문 가격과 수량을 직접 선택하는 주문)
  - 시장가 주문(주문 가격을 지정하지 않고 시장에서 형성되는 가격으로 즉시 매매 체결을 원하는 경우 사용)
  - 조건부 지정가 주문(장중에 원하는 지정 가격으로 매매 주문이 되지만 체결이 되지 않을 경우, 장 종료 10분 전 동시호가에 시장가 주문으로 전환됨)

- 그 외 최유리 지정가와 최우선 지정가 등이 있습니다.
- 기준 가격 : 전일 종가를 기준 가격으로 합니다.
- 공매도 : 공매도 허용(주식 시장과 달리 직전가 이하의 공매도 주문 허용)
- 결제 제도 : 주식과 동일하게 거래성립일로부터 2일째 되는 날(T+2 결재)

여기서 잠깐, 우리가 주문하면서 자주 접하지 않는 최유리 지정가와 최우선 지정가에 대해서 시장가 주문과 비교해 알아보기로 하겠습니다.

〈자료 5-4〉 KBSTAR200선물 인버스2X 현재가창

① 시장가 매수

KBSTAR200선물 인버스2X 상품을 시장가로 30,000주 매수했다면?

현재가 4,905원일 때, 시장가로 30,000주를 매수 주문하면 30,000주가 다 체결되는 호가까지 상승해 체결 직후 현재가는 4,925원으로 상승하게 됩니다.

② 시장가 매도

반대로 30,000주를 시장가로 매도할 경우, 30,000주가 모두 매도되는 호가인 4,870원까지 하락하게 됩니다.

③ 최유리 지정가로 30,000주를 매수하면 4,915원에 10,000주가 매수되고 매수 잔량으로 4,915원에 20,000주가 매수 1호가에 남아 있게 됩니다.

④ 최유리 지정가로 30,000주를 매도하면 4,905원에 1,629주만 매도 체결되고 나머지 28,371주는 4,905원에 매도 1호가로 남게 됩니다.

⑤ 최우선 지정가로 30,000주를 매수하면 4,905원에 매수 30,000주가 추가되어 4,905원의 총매수 잔량은 31,629주가 되며, 앞의 잔량 1,629주가 먼저 체결되고 나서 체결되며, 체결이 안 되면 잔량으로 남게 됩니다.

⑥ 최우선 지정가로 30,000주를 매도하면 4,915원 매도 잔량이 40,000주가 되고, 선잔량 10,000주가 매도되어야 최우선 지정가 30,000주가 매도됩니다.

결국, 지정가와 같은 개념인데 주문 가격이 최유리 가격이냐 최우선 가격이냐의 차이입니다.

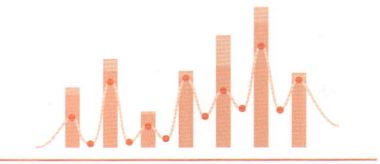

ETF 종목 정보와 주문하기

    필자가 이베스트증권을 사용하기에 이베스트증권을 예를 들어 설명하겠습니다.

    이베스트 증권에는 ETF 호가와 시세, 그리고 기본 정보, 주문, 계좌 상황을 한 번에 볼 수 있게 특화시킨 ETF 전용 종합 화면이 있습니다.

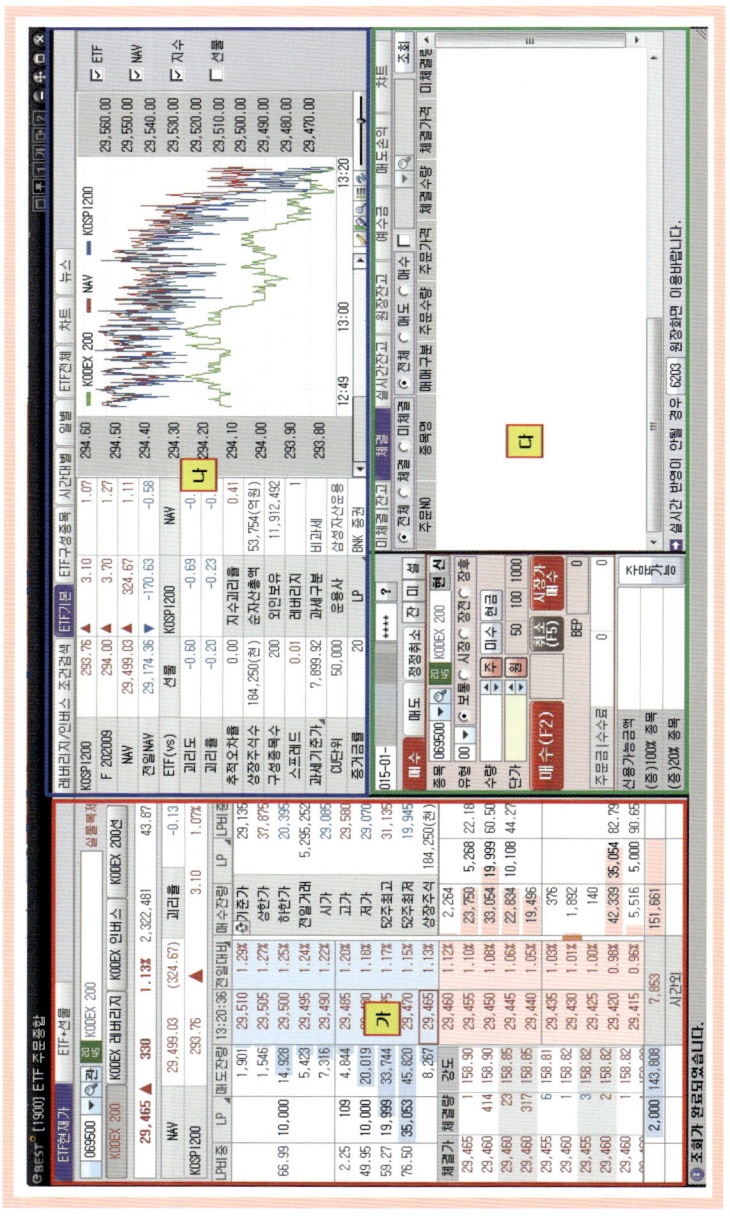

〈자료 5-5〉 이베스트증권 HTS-ETF 전용 종합 화면

124 상승장에서도 하락장에서도 수익 낼 수 있는 ETF 트레이딩 특급 비법

가. 호가 영역

ETF 시세와 호가 정보, 그리고 LP 수량, LP 비중 등에 대해 볼 수 있습니다.

〈자료 5-6〉 ETF+선물 비교창

상단 ETF 현재가를 클릭하면 〈자료 5-5〉의 '가' 영역이 표시되고, ETF+선물 버튼을 클릭하면 〈자료 5-6〉처럼 선물 가격과 ETF 가격이 비교되어 나타납니다.

또한 ETF 대표 상품들에 대해 바로가기 버튼을 두어 종목 검색의 편리함을 추구했습니다. ETF 상품 중 KODEX 200은 KOSPI200 지수를 추종하도록 설계되어 KOSPI200 선물지수에 X100을 하면 대략적인 KODEX 200 상품 가격이 됩니다.

〈자료 5-6〉처럼 KOSPI200 선물지수가 294.25일 때 KODEX 200 상품의 현재가는 29,485원으로, KOSPI200 선물지수의 100배 정도 되는 가격인 것을 확인할 수 있습니다.

나. ETF 정보 영역

'나' 영역에는 레버리지와 인번스 종목을 쉽게 검색할 수 있고, ETF 상품의 기본 정보, 구성 종목(PDF), 차트 등이 제공됩니다.

〈자료 5-7〉 레버리지와 인번스 종목 검색창

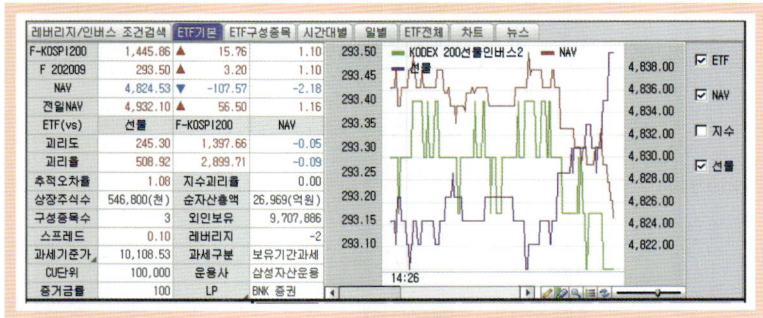

〈자료 5-8〉 ETF 기본창

ETF 기본 정보에는 ETF 거래 시 필요한 기본 정보와 ETF의 지표들을 한눈에 볼 수 있고 ETF와 순자산가치(NAV), 지수, 선물 등의 비교 차트도 제공됩니다.

다. 간편 주문과 계좌 정보 및 차트

마지막으로 '다' 영역 좌측은 간편 주문창으로, 해당 ETF 상품에 대해 간편하게 매수와 매도를 할 수 있고, 하단엔 보유 자금에 따른 매수 가능 금액을 알 수 있는 창이 있습니다.

〈자료 5-9〉 ETF 간편 주문창

　우측에는 계좌 정보가 있으며 차트까지 함께 제공되어 ETF 전용 종합 주문창에서 편리하게 ETF를 매매할 수 있도록 특화시켰습니다.

　또한, 거의 모든 증권사들이 실시간 클릭만으로 빠르게 주문을 넣을 수 있는 전용 주문창을 제공하는데, 빠른 주문창의 특징은 매도·매수 STOP 기능이 있다는 것입니다.

　〈자료 5-10〉 빠른 호가 주문창에서 설정 버튼을 클릭하시면 빠른 호가 주문 설정창이 뜹니다.

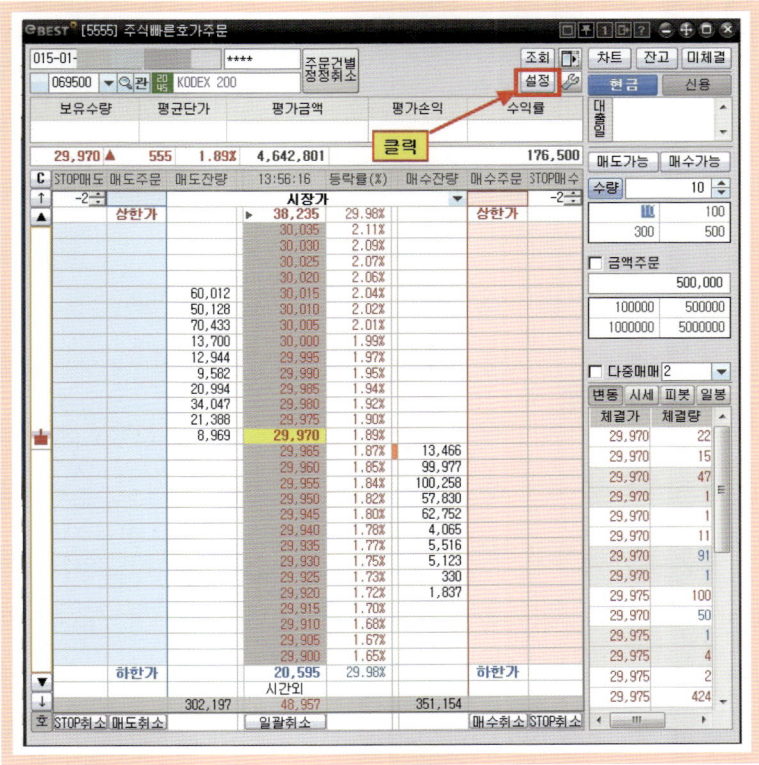

〈자료 5-10〉 빠른 호가 주문창

빠른 호가 주문 설정창에서 STOP 주문 보기를 체크하고 확인을 누르면, 빠른 호가 주문창에 매도·매수 STOP 영역이 활성화됩니다.

이 외에도 빠른 호가 주문창을 자기 성향에 맞게 설정 또는 취소해 사용할 수 있는 기능이 있습니다.

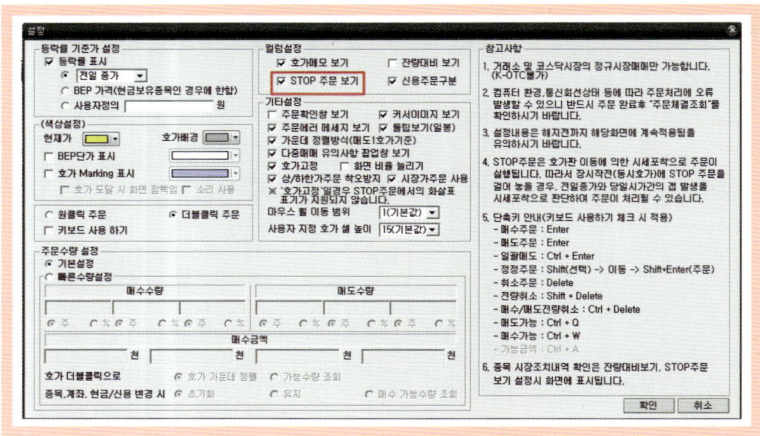

〈자료 5-11〉 빠른 호가 주문창 설정 메뉴

　　빠른 호가 주문창이 활성화되어 생성되면 STOP 매도(왼쪽 상단 파란 박스)에서 STOP 틱수를 지정할 수 있습니다. 이는 STOP 매수·매도를 별도로 틱수를 지정할 수 있습니다.

　　〈자료 5-12〉의 경우, STOP 틱수를 플러스(+)로 설정한 예시입니다. STOP 매도를 2틱으로 하고 29,840원에 STOP 매도 주문을 하면, 현재가가 29,840원에 도달하면 STOP 매도 주문이 실행되어 두 틱 아래인 29,830원에 주문이 실행됩니다.

　　STOP 매수 주문 역시 29,925원에 주문을 넣어놓으면 그 가격에 도달 시 23,935원에 매수 주문이 실행되는 것입니다.

　　이 주문도 거래량이 폭발적으로 늘어나면, 주문이 늦게 들어가는 경우가 생길 수 있기에 거래량이 적은 종목은 STOP 틱수를 5틱 이상 넉넉하게 설정하는 게 좋습니다.

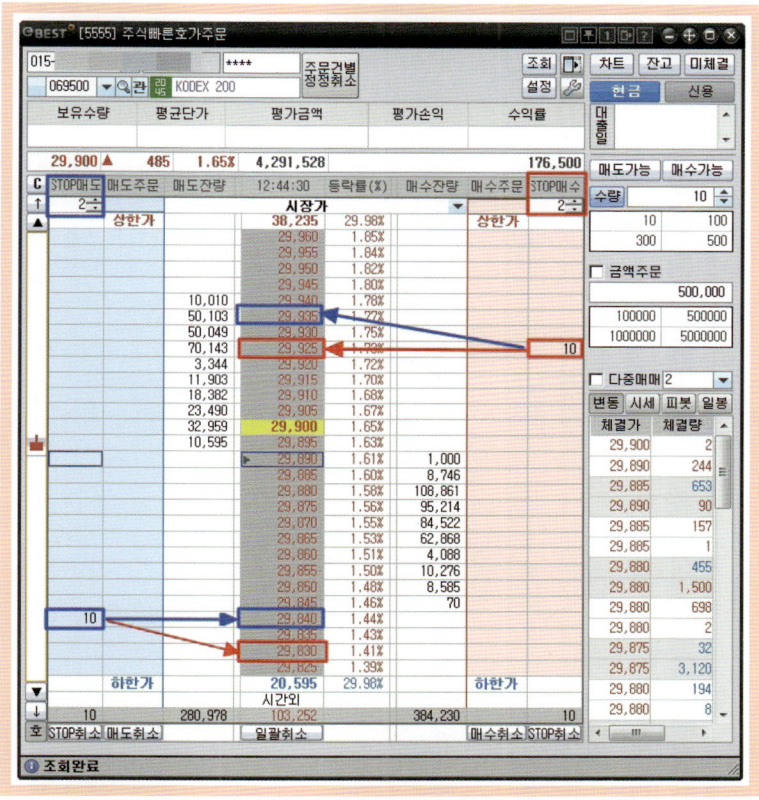

〈자료 5-12〉 STOP 틱수(+) 설정 예

　　〈자료 5-13〉은 STOP 틱수를 마이너스(-)로 설정한 예시입니다. STOP 매도를 -2틱으로 설정할 경우 29,870원에, STOP 매도를 할 경우 현재가가 29,870원에 도달하게 되어 STOP 매도 주문이 실행돼 29,800원에 매도 주문이 접수됩니다.

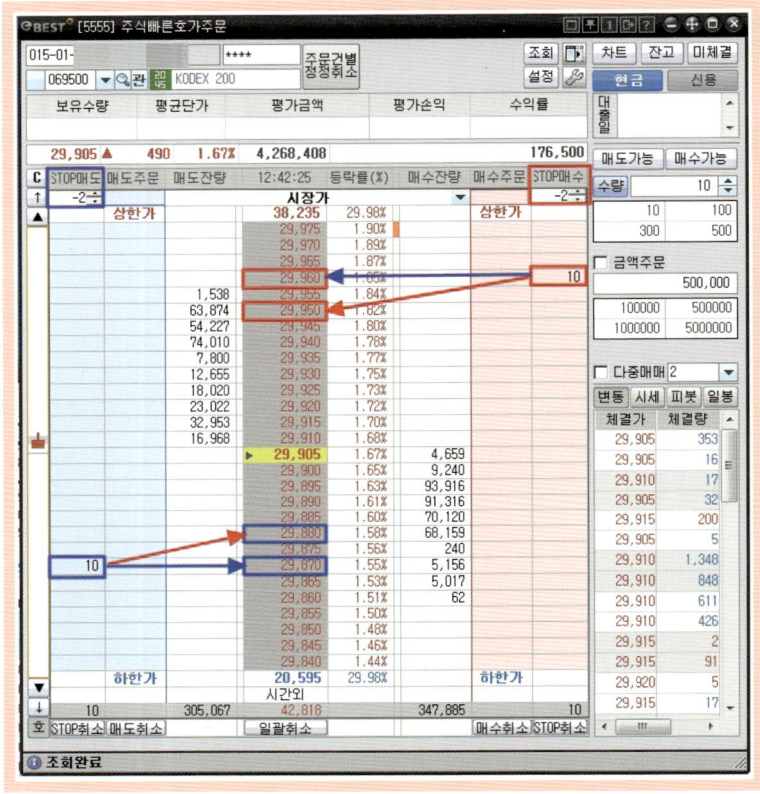

〈자료 5-13〉 STOP 틱수(-) 설정 예

또한, STOP 매수도 29,960원에 주문을 넣으면 현재가가 29,960원에 도달하면 STOP 매수 주문이 실행되어 29,950원에 주문이 접수됩니다.

STOP 주문 시 주의할 점은 빠른 호가 주문창을 닫으면 주문은 자동 취소됩니다. 따라서 자리를 비우면서 STOP 주문을 실행했다면 주문창을 닫지 말고 컴퓨터도 끄지 말아야 합니다.

more

6장

ETF 실전 매매를 위한 나만의 도구

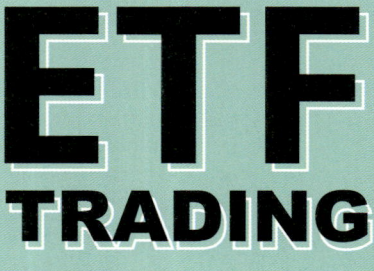
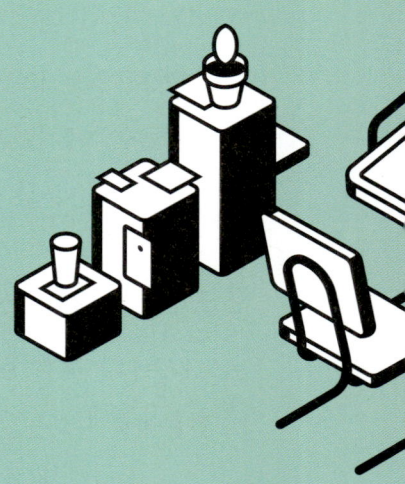

ETF
TRADING

more

DDE(dynamic data exchange) 활용

DDE(동적 데이터 교환)란 무엇인가?

DDE를 간단하게 설명하면, 여러 개의 응용 프로그램 간에 데이터를 주고받을 수 있는 기능을 말합니다.

통상적으로 우리는 매매 시 HTS상에서 증권사가 제공하는 차트나 보조지표를 아무런 가공 없이 사용하고 있으나, 서비스 환경이 개선되면서 현물이나 파생 매매자들 사이에 자신만의 매매 신호와 기준을 만들어 사용하고자 하는 수요가 늘어나면서 증권사에서 제공하는 데이터를 이용해 자신만의 주문창, 차트, 매매 신호 등을 만들어 쓰는 경우가 늘어나고 있습니다.

최근에는 API(Application Program Interface)를 넘어 AI(Artificial Intelligence)까지 제공해주는 시대로 변모했습니다.

DDE(동적 데이터 교환)의 경우, 엑셀만 조금 할 수 있으면 각 증권사에서 제공하는 시세엑셀연동을 통해 간단하게 자신만의 매매 툴을 만들 수 있는 장점이 있는데, 반면 AIP처럼 많은 데이터를 빠르게 처리하지 못한다는 단점도 가지고 있습니다.

필자가 선물 옵션 매매를 할 당시, 다양한 DDE를 개발해 매매와 데이터 정리에 활용했습니다.

〈자료 6-1〉 선물과 옵션 매매를 위한 DDE

〈자료 6-1〉의 DDE는 선물 옵션 매매에서 옵션 가격이론을 접목시켜 매매하기 위해 개발한 DDE로, 옵션의 경우 행사가가 많기에 많은 행사가의 가격을 한눈에 볼 수 있는 도구가 필요하게 되어 만들어졌습니다.

처음 보면 복잡해 보일 수 있으나 자주 보면 차트나 다른 보조지표보다 편리하며, 옵션 가격을 한눈에 쉽게 파악할 수 있습니다.

이런 DDE는 각 증권사마다 제공하고 있는데, 크게 어렵지 않아 약간의 시간을 투자하면 자신만의 DDE를 만들어 자신만의 기준으로 또는 한눈에 장의 상황을 쉽게 파악할 수 있는 매매 툴로 사용할 수 있습니다.

그럼 이베스트증권에서 시세엑셀연동(DDE)을 구동하는 방법에 대해 알아보겠습니다.

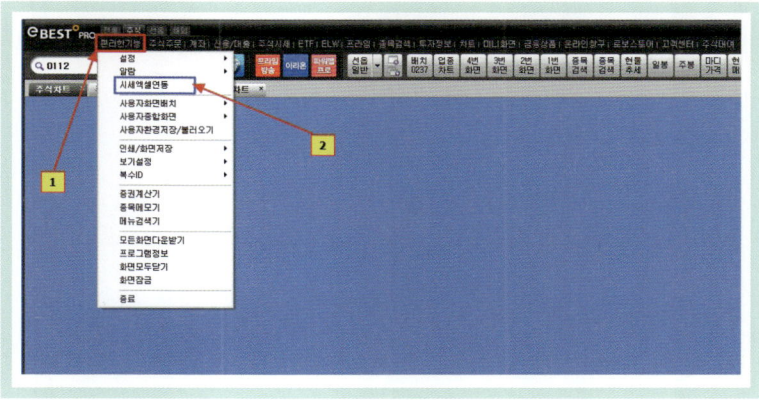

〈자료 6-2〉 이베스트증권 HTS

이베스트증권 HTS 상단 메뉴에서 왼쪽 상단에 편리한 기능을 클릭하면 박스 메뉴가 나옵니다. 박스 메뉴에서 2번 화살표가 가리키는 시세엑셀연동을 클릭하면 〈자료 6-3〉과 같은 시세엑셀연동 메뉴 박스가 생성됩니다.

시세엑셀연동 메뉴 상단에는 주식, 업종, 선물, 옵션 등의 거래

6장. ETF 실전 매매를 위한 나만의 도구 139

상품을 분류해놨고, 주식을 클릭하면 주식과 ETF 상품들이 나열되어 있습니다(1번).

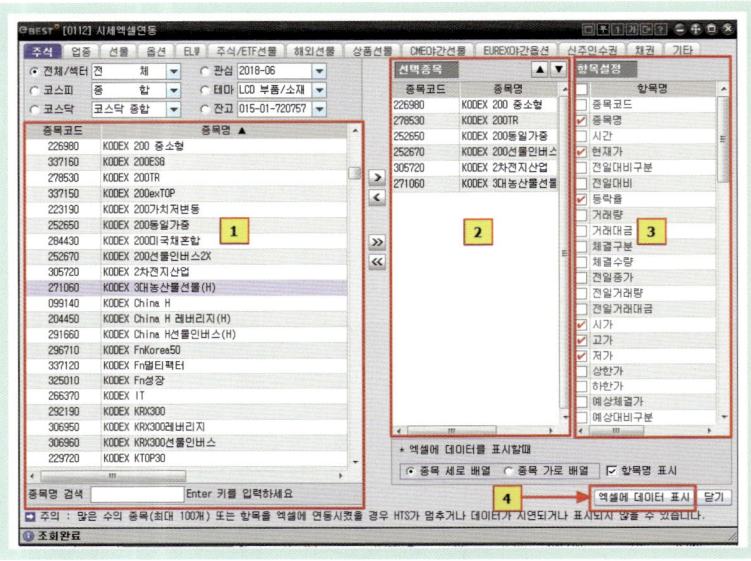

〈자료 6-3〉 이베스트증권 시세엑셀연동창

1번 박스에서 종목을 선택하면 2번 박스에 선택 종목이 복사되고, 3번 항목에서 필요한 정보를 선택하고 4번 엑셀에 데이터 표시를 누르면 됩니다.

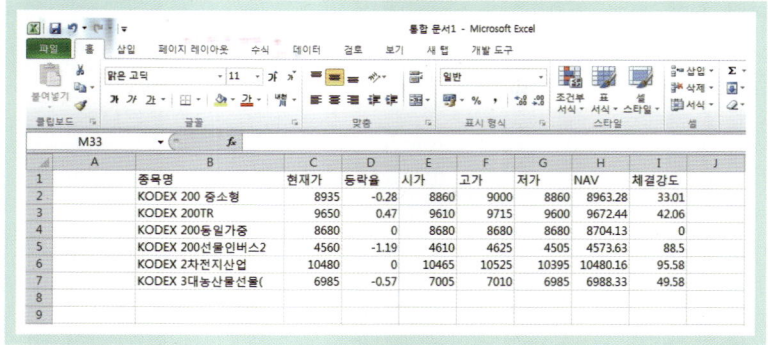

〈자료 6-4〉 엑셀 데이터 표시

〈자료 6-4〉는 〈자료 6-3〉에서 4번 엑셀에 데이터 표시를 클릭해 생성된 엑셀 시트입니다.

다음은 키움증권 DDE 연동 방법입니다.

먼저 키움증권 HTS에 로그인하면 메인 화면창이 생성되며 메인 화면창 상단 툴바 첫 번째에 기능이란 버튼이 있고, 이 기능 버튼을 클릭하면 아래로 메뉴가 나옵니다. 그 메뉴 중 하단에서 세 번째의 'DDE 서비스 시작'이라는 메뉴를 클릭하면 일단 DDE가 구동됩니다.

다음 자료를 보면 좀 더 쉽게 이해가 갈 것입니다.

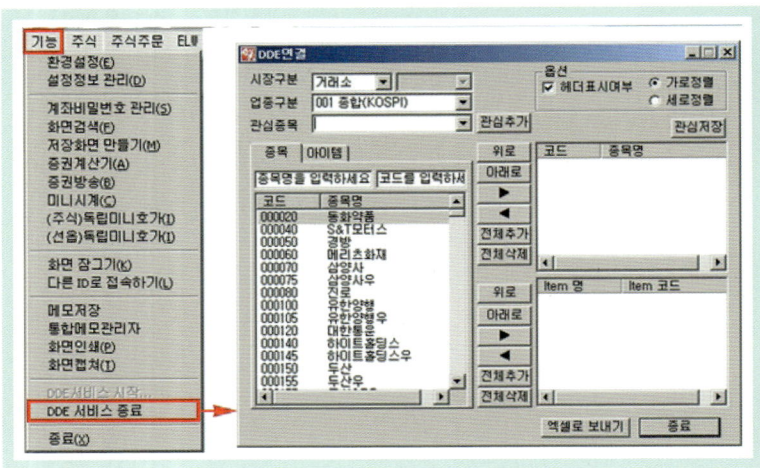

〈자료 6-5〉 키움증권 DDE 서비스 메뉴창

　　기능을 클릭하면 좌측처럼 메뉴가 나타나며, 여기서 DDE 서비스 시작을 누르면 구동됩니다. DDE 서비스 종료를 누르면 서비스가 종료됩니다.

　　국내 대부분의 증권사들이 시세엑셀연동(DDE)이 지원되며 사용하시는 HTS에서 사용 매뉴얼을 참조해 사용하시면 됩니다.

종목명	현재가	등락율	NAV	시가	고가	저가	체결강도
KODEX 코스피100	23,350	0.26	23,431.55	23,245	23,560	23,245	65.73
KODEX 200	30,185	0.52	30,234.00	30,030	30,380	30,005	97.64
KODEX 인버스	5,700	-0.61	5,710.06	5,730	5,745	5,670	87.64
KODEX 레버리지	13,945	1.05	14,012.82	13,850	14,125	13,780	95.85
KODEX 200선물인버스2X	4,560	-1.19	4,573.63	4,610	4,625	4,505	88.50

종목	현재가	등락률	거래대금	매수1	매도1	전일종가	거래량
KODEX 바이오	13,130	-1.61	13,283.78	13,345	13,345	13,130	31.96
KODEX 반도체	27,990	0.43	28,097.36	27,785	28,085	27,715	53.60
KODEX 보험	4,800	1.37	4,807.12	4,715	4,820	4,680	18.34
KODEX 에너지화학	11,430	-0.65	11,476.61	11,500	11,565	11,395	8.46
KODEX 운송	3,265	0.46	3,268.92	3,240	3,290	3,225	50.27
KODEX 은행	5,280	1.15	5,303.72	5,185	5,285	5,175	35.46
KODEX 자동차	12,700	2.13	12,739.19	12,360	12,700	12,245	218.18
KODEX 증권	5,515	-0.27	5,516.91	5,505	5,550	5,450	86.10
KODEX 철강	6,020	0.75	6,024.82	5,950	6,020	5,925	127.30
KODEX 필수소비재	8,565	0.88	8,569.57	8,465	8,570	8,420	40.02
KODEX 헬스케어	19,470	-2.14	19,552.97	19,800	19,830	19,405	26.72

〈자료 6-6〉 KODEX 상품 관련 DDE

　〈자료 6-6〉은 시세엑셀연동(DDE)을 통해 KODEX 상품을 정리해 수식관리자로 상승과 하락 종목들을 더욱 편하게 볼 수 있게 만든 ETF 상품 DDE입니다.

　현재 ETF 상품은 미래에셋자산운용 122개, 삼성 자산운용 111개 등 총 450개 이상의 상품이 상장되어 있어 자신이 매매하는 상품이나 관심 상품에 대해 별도로 보기 편하게 정리해서 매매하면 훨씬 편리하며, 엑셀함수를 이용해 매수·매도 신호를 만들 수도 있고, 매크로를 이용해 반복적인 작업을 간단하게 만들 수도 있어 매매에 많은 도움을 줍니다.

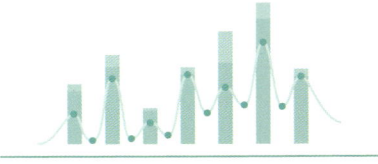

선물 차트에 옵션등가선과 등가변경선 설정하기

ETF 상품 중 KOSPI200 시장지수를 추종하게 설계되어 있는 상품의 경우 KOSPI200선물지수와 미세한 차이는 나지만, 동일한 움직임을 보입니다.

따라서 KOSPI200 선물 매매의 기준을 KOSPI200 시장지수를 추종하는 ETF 상품 매매에 그대로 적용해서 사용하시면 됩니다.

그럼 여기서 옵션등가선과 등가변경선이 무엇인지 알아보겠습니다.

KOSPI200 상품은 코스피 전 종목 중에서 일정 기준에 의해 선정된 우량한 종목 200개로 구성되어 지수화된 국내 시장 대표지수입니다.

KOSPI200은 현물로 구성되어 있고, 여기서 파생되어 생긴 상품이 KOSPI200 선물지수로 KOSPI200과 동일 흐름을 보입니다.

그리고 다시 KOSPI200 선물에서 KOSPI200지수 옵션 상품이 있습니다. KOSPI200지수 옵션의 경우, 한 행사가의 차이가 2.50포인트로 이루어져 있습니다.

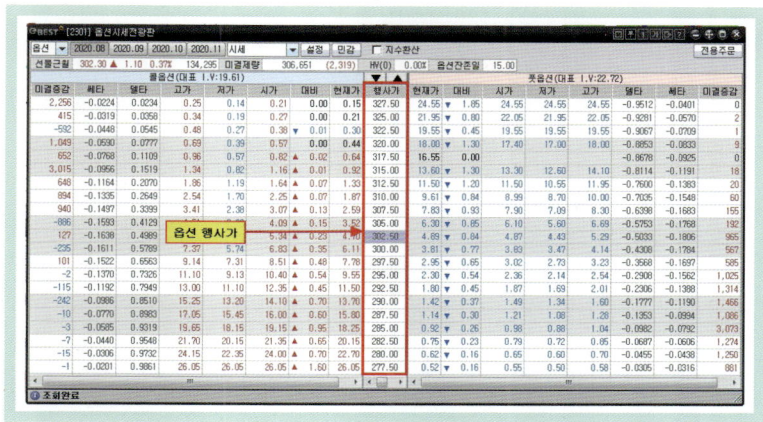

〈자료 6-7〉 옵션 시세

〈자료 6-7〉에서 옵션 행사가를 보시면 현재 시세(등가)는 302.50이란 것을 알 수 있습니다. 그리고 위 행사가는 2.5포인트 큰 305.00포인트이고 아래 행사가는 2.50포인트 적은 300.00포인트라는 것을 알 수 있습니다.

다시 말해, 콜 옵션과 풋 옵션의 행사가는 2.50포인트 간격으로 되어 있음을 알 수 있습니다.

그럼 등가라인에 대해 조금 감이 올 것입니다. KOSPI200 선물 차트에서 옵션 행사가에 해당하는 지수에 선을 설정하면 등가라인이 되는 것입니다.

그럼 등가변경라인이란 무엇인가요?

등가에서 1.25포인트 상승이나 하락한 자리가 등가변경라인이 되는 것입니다. 등가에서 1.25포인트 상승하거나 하락하면 등가가 변경되기 때문에 등가변경라인이라 칭합니다.

이 자리가 왜 중요한지는 〈자료 6-8〉을 보시면 이해가 되실 겁니다.

〈자료 6-8〉 KOSPI200 선물 20분봉 (2020년 8월물)

〈자료 6-8〉은 KOSPI200 선물 20분봉에 등가라인과 등가변경라인을 설정한 차트입니다.

검은 굵은 실선은 등가라인이고, 분홍색 얇은 실선은 등가변경라인입니다.

빨간색 원은 단기 고점 자리이며, 파란색 원은 단기 저점 자리입니다.

〈자료 6-8〉에서 보듯이 장 중 주요 변곡 자리는 대부분 등가라인과 등가변경라인 근처에서 이루어지고 있다는 사실을 알 수 있습니다.

이처럼 등가라인과 등가변경라인은 매매에서 아주 중요한 기준이 됩니다. 따라서 본인이 사용하는 HTS에 등가라인과 등가변경라인 설정 차트를 구성해놓는 것이 매매에 유용합니다.

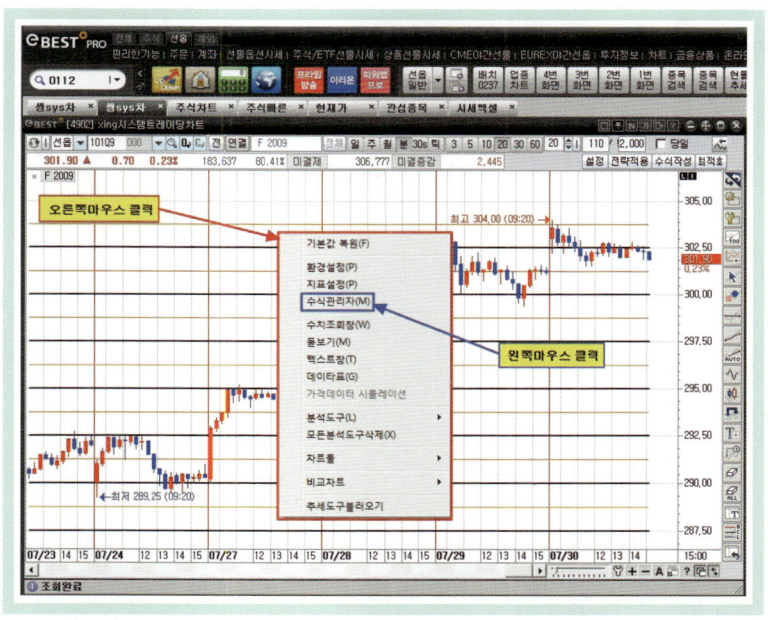

〈자료 6-9〉 등가선 및 등가변경선 설정

대부분의 증권사 HTS에는 차트에 쉽게 선을 표시하는 기능들이 있습니다.

저는 제가 자주 사용하는 이베스트 증권을 예로 들어 설명해드리겠습니다.

6장. ETF 실전 매매를 위한 나만의 도구 147

이베스트증권 HTS에서 KOSPI200 선물 차트를 실행해 차트 바탕에서 마우스 오른쪽을 클릭하면, 차트 설정 기본 메뉴가 생성됩니다.

생성된 기본 메뉴 중에 위에서 네 번째 메뉴 수식관리자 메뉴를 왼쪽 마우스로 클릭하면, 수식관리 설정 메뉴가 생성됩니다.

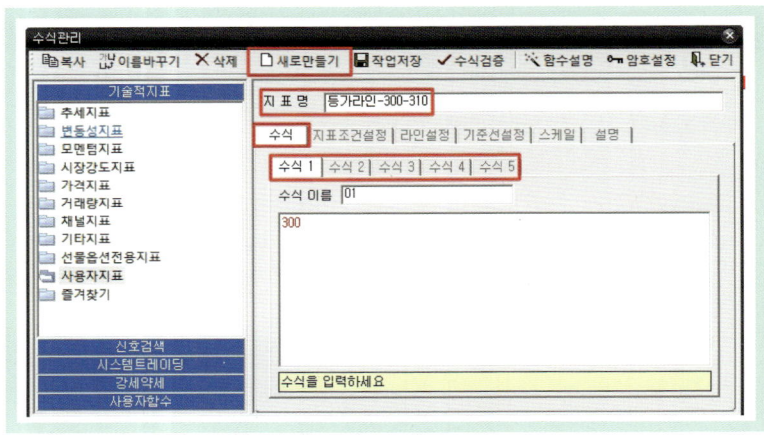

〈자료 6-10〉 수식관리 메뉴창 01

〈자료 6-10〉은 실행된 수식관리 메뉴이며 여기서 상단에 새로 만들기 메뉴를 선택하고, 지표 명에 자신이 원하는 지표 명을 입력하고 수식에서 원하는 수치를 입력하면 됩니다.

수식은 수식1번부터 5번까지 입력이 가능하며, 수식1번 →300.00, 수식2번→302.50, 수식3번→305.00, 수식4번→307.50, 수식5번→310.00 순으로 입력했습니다.

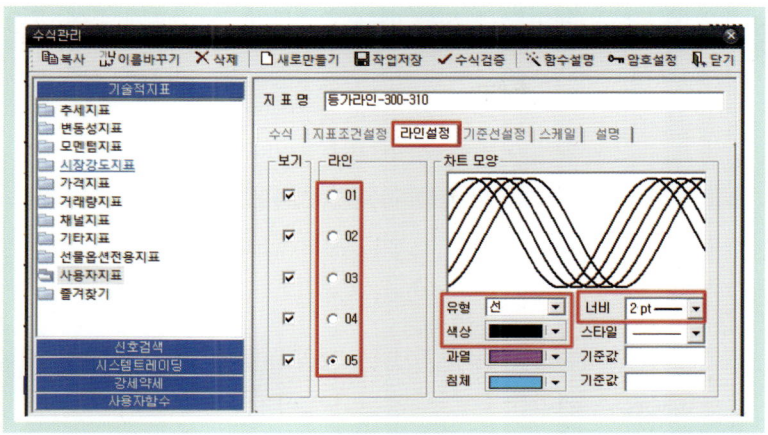

〈자료 6-11〉 수식관리 메뉴창 02

수식에 수치 입력이 끝나면 라인 설정 메뉴를 클릭하셔서 라인을 설정해주시면 됩니다.

라인 01부터 05까지 각각 체크하시면서 자신이 원하는 색상과 선의 너비(굵기)를 설정하시면 됩니다.

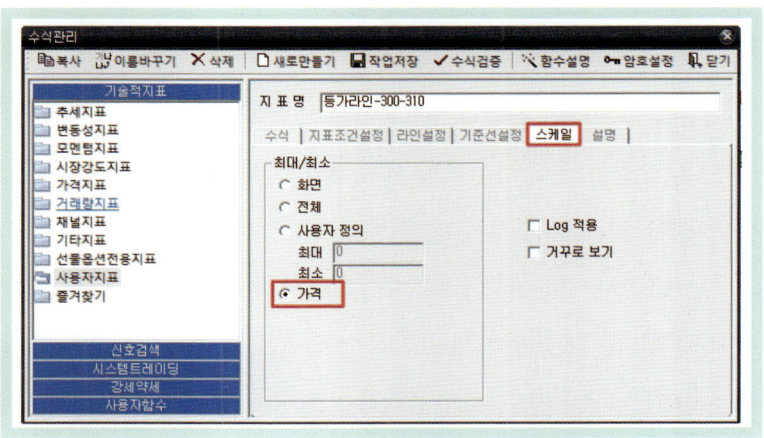

〈자료 6-12〉 수식관리 메뉴창 03

6장. ETF 실전 매매를 위한 나만의 도구

라인 설정이 끝나면 스케일 메뉴를 선택하고 최대/최소에서 가격을 선택하시면 됩니다.

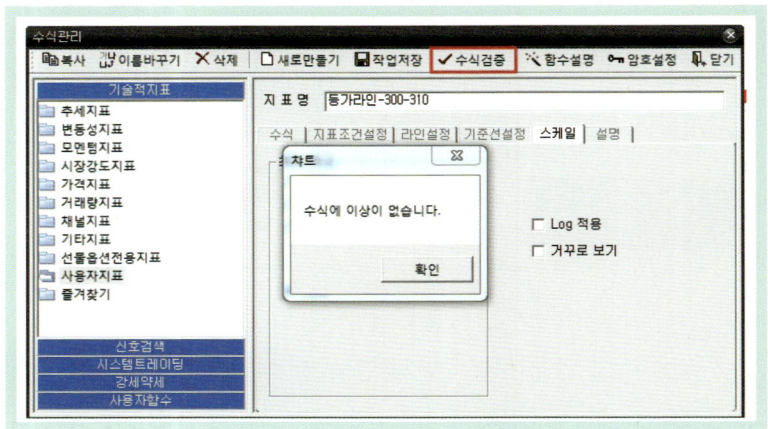

〈자료 6-13〉 수식관리 메뉴창 04

스케일 설정이 끝나면 상단의 수식검증 메뉴를 선택해 수식에 이상이 있는지 없는지 확인하시면 됩니다.

〈자료 6-13〉처럼 '수식에 이상이 없습니다'라는 메시지가 나오면 확인을 누르시면 됩니다.

모든 작업이 끝났으면 상단 메뉴에서 '작업 저장'을 클릭하시면, 사용자지표에 설정된 제목 '등가라인-300-310'으로 저장됩니다.

등가변경라인도 위와 같은 방법으로 설정하며, 지수 변동을 고려해 현재지수 대비 위아래로 20포인트 정도씩 설정해놓으시면 되고, 필요에 따라 추가로 더 설정하시면 됩니다.

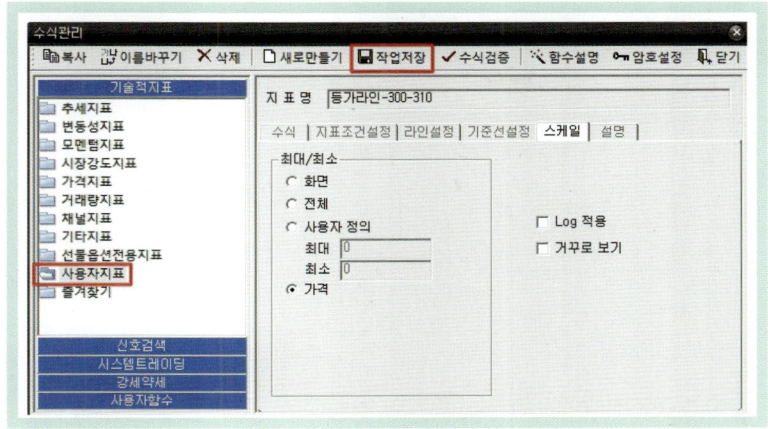

〈자료 6-14〉 수식관리 메뉴창 05

그럼 다음으로, 수식관리자에 저장한 사용자지표를 차트에 표시하는 방법에 대해 알아보도록 하겠습니다.

〈자료 6-15〉에서처럼 이베스트증권 차트 화면에서 오른쪽 마우스를 클릭하면 차트 설정 메뉴박스가 생성됩니다.

메뉴박스에서 '지표설정'을 클릭하면 지표를 설정하는 새로운 창이 뜹니다(〈자료 6-16〉 참조).

지표설정창에서 '적용지표/유형' 메뉴에서 '사용자지표'를 클릭하고 필요한 지표를 더블클릭하거나 필요한 지표를 선택하고 삽입 버튼을 누른 후, 우측 아래 적용 버튼과 확인 버튼을 차례대로 누르면 차트에 설정한 지표가 적용됩니다.

잘못 적용했을 때는 제거 버튼을 누르면 되고, 순서가 바뀌었으면 위아래 버튼으로 조정하면 됩니다.

6장. ETF 실전 매매를 위한 나만의 도구 151

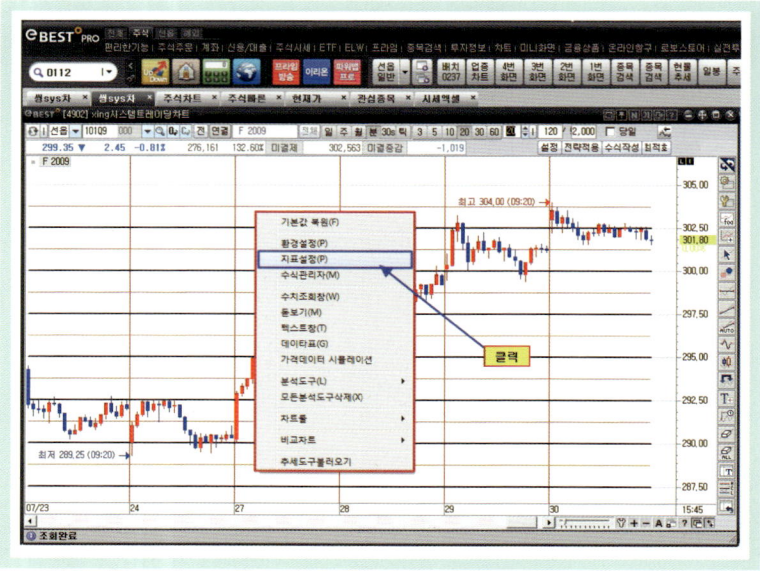

〈자료 6-15〉 지표설정 메뉴창 01

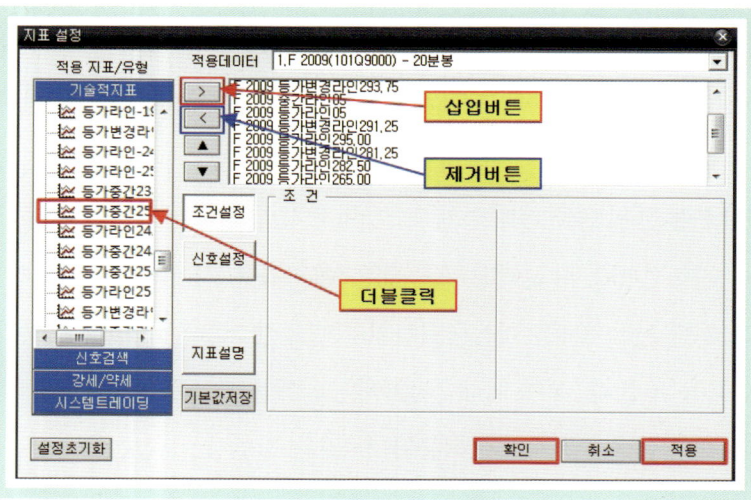

〈자료 6-16〉 지표설정 메뉴창 02

152 상승장에서도 하락장에서도 수익 낼 수 있는 ETF 트레이딩 특급 비법

시가-고가와 시가-저가 신호 설정하기

　이 책은 ETF 상품 중 시장을 대표하는 지수 중 KOSPI200을 추종하는 ETF 실전 매매에 대해서 기술한 책입니다.

　따라서 KOSPI200과 그 파생으로 생긴 KOSPI200 선물, 그리고 KOSPI200지수 옵션의 실전 매매 기법 중 단순하면서 성공 확률이 높은 매매 기준에 대해 기본적으로 HTS에서 설정하는 방법을 알려드리려 합니다.

　선물과 옵션은 시가 형태가 그날 장의 방향을 결정짓는 경우가 많은 편입니다. 따라서 KOSPI200 차트, KOSPI200 선물 차트 그리고 옵션 차트 등에 시가 형태를 신호로 표시하면 장 초반 장의 방향을 판단하는 데 많은 도움이 됩니다.

　앞 장의 〈자료 6-09〉와 같이 수식관리자를 실행합니다.

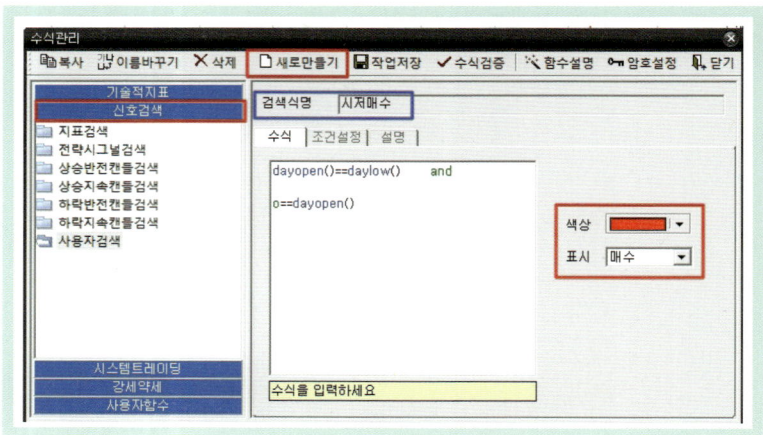

〈자료 6-17〉 수식관리 메뉴창(신호 검색)

수식관리창에서 좌측 메뉴에서 신호검색을 선택하고 상단에 새로 만들기를 선택합니다. 그리고 원하는 검색식명을 입력합니다.

시가-저가일 경우 매수이므로 시저매수라 검색식명을 입력했습니다. 그 다음, 수식을 선택해 아래 박스에 수식을 입력하고 색상과 표시를 선택한 후 수식검증을 해 '수식에 이상이 없습니다'란 창이 뜨면 확인을 누르고 작업 저장을 하면 사용자 검색에 '시저 매수'라고 저장됩니다.

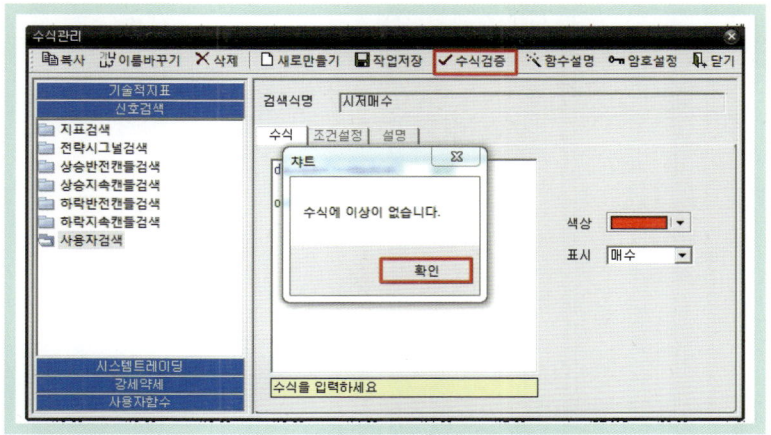

〈자료 6-18〉 수식관리 메뉴창(수식검증)

시저 매수 수식은,

'dayopen()==daylow() and o==dayopen'입니다.

시고 매도 수식은,

'dayopen()==dayhigh() and o==dayopen'입니다.

만일 수식에 대한 의미를 알고자 하시면 상단 메뉴에서 '함수 설명'을 누르시면 각 함수에 대한 설명과 사용법, 그리고 예문도 나옵니다.

이베스트증권과 키움증권은 비슷한 함수를 사용하며 증권사에 따라 함수가 약간씩 차이가 나니 증권사 HTS를 다운받으시면, HTS 매뉴얼부터 공부하시는 게 좋습니다.

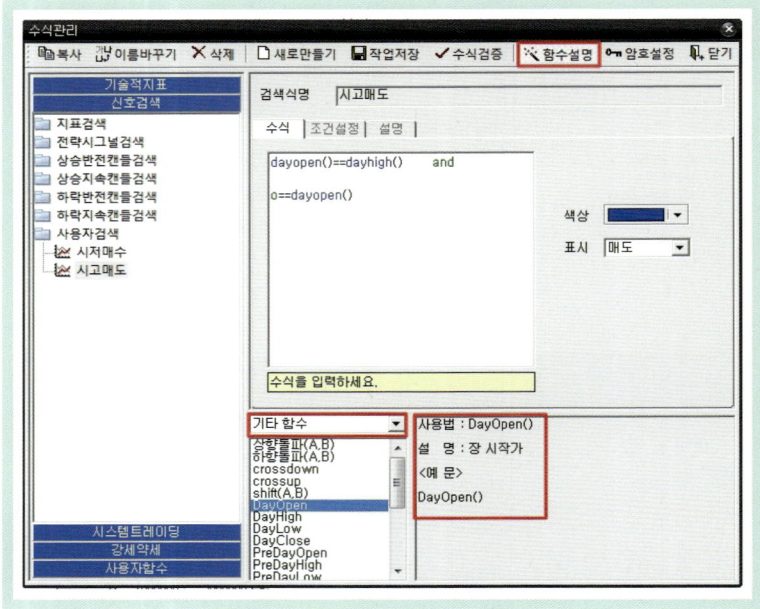

〈자료 6-19〉 수식관리(함수 설명)

간단하게 시고 매도 수식을 설명해드리면, 'dayopen()' → 장 시작가라는 의미입니다.

'dayhigh()' → 장 시작 후 최고가, 'o' →시가, '==' → 논리적으로 같음을 의미합니다.

증권사 HTS 함수 공부를 하면 더 다양한 자신만의 매매 신호를 차트에 표시할 수 있고, 자신만의 매매 기준을 만드는 데 많은 도움이 됩니다.

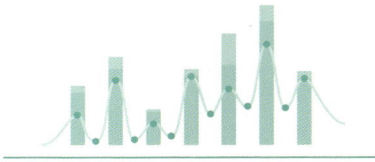

KOSPI200 선물지수와 지수 옵션의 교차 연관성

    ETF 상품 중 KOSPI200을 추종하도록 설계된 상품은 KOSPI200 지수 선물 상품의 움직임과도 동일한 움직임을 보입니다.

    KOSPI200 선물과 등가 옵션인 콜 옵션 300.00, 그리고 KODEX 200, KODEX 레버리지는 미세한 오차는 있지만, 항상 동일한 움직임을 보인다는 것을 알 수 있습니다.

    반면 KOSPI200 선물과 등가 옵션인 풋 옵션 300.00, 그리고 KODEX 인버스와 KODEX 200선물인버스2X의 경우, 정반대의 움직임을 보이는 걸 알 수 있습니다.

    따라서 ETF 상품 중 KOSPI200지수 선물을 추종하게 설계된 상품의 경우, 선물이나 옵션의 매매 기준을 적용해서 매매하는 것이 가장 올바른 매매 기준입니다.

〈자료 6-20〉 KOSPI200 선물과 옵션, KODEX 200 비교 차트

특히 앞에서 선물 차트에 옵션등가선와 등가변경선을 설정하는 방법을 알아보았고, 등가선과 등가변경선은 변곡 지점으로 작용한다고 말씀드렸습니다.

그럼 선물 차트에서 옵션등가선과 등가변경선, 그리고 옵션 교차는 연관 관계가 있을까요?

〈자료 6-22〉를 보면 1번은 선물 차트에서 등가선인 선물 302.50 지점이며, 옵션에서는 콜 옵션과 풋 옵션이 행사가 302.50

에서 교차하는 지점입니다.

그리고 2번을 보면, 선물 차트에서 선물 현재가가 등가선인 300.00에서 걸쳐 있고, 역시 옵션은 콜 옵션과 풋 옵션 행사가 300.00에서 교차하는 지점입니다.

이 지점들을 ETF 상품 중 KOSPI200을 추종하는 상품들과 비교하면 장중 고점과 저점 자리와 일치하는 것을 알 수 있습니다.

따라서 ETF 상품 중 KOSPI200을 추종하는 상품 매매에서 선물과 옵션 교차 차트 설정은 매매에서 가장 중요한 매매 도구로 사용할 수 있습니다.

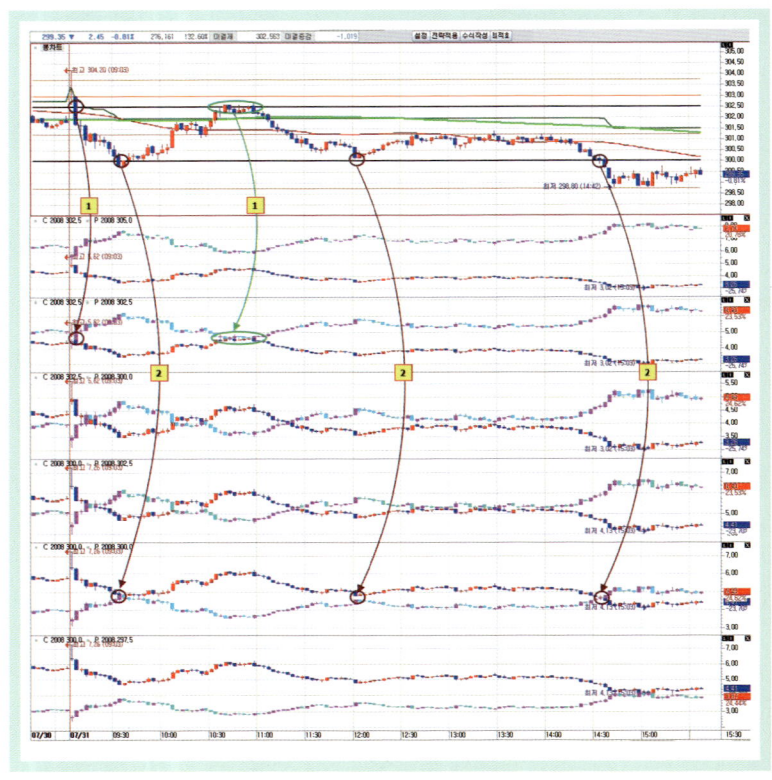

〈자료 6-21〉 선물과 옵션 교차의 연관성 01

다시 〈자료 6-22〉을 보면 1번의 경우, 선물은 등가변경선인 303.75에 걸쳐 있으며 그 자리는 콜 옵션 302.50과 풋 옵션 305.00 크로스 교차 자리와 같은 위치에 있습니다.

또한 2번의 경우도 선물은 등가변경선인 301.25에 위치하며, 이 자리 역시 콜 옵션 302.50과 풋 옵션 300.00, 그리고 콜 옵션 300.00 과 풋 옵션 302.50 크로스 교차 자리에 위치하고 있습니다.

3번의 경우도 선물은 등가변경선인 298.75 근처에 위치하며, 이 자리는 콜 옵션 300.00과 풋 옵션 297.50 크로스 자리와 동일합니다.

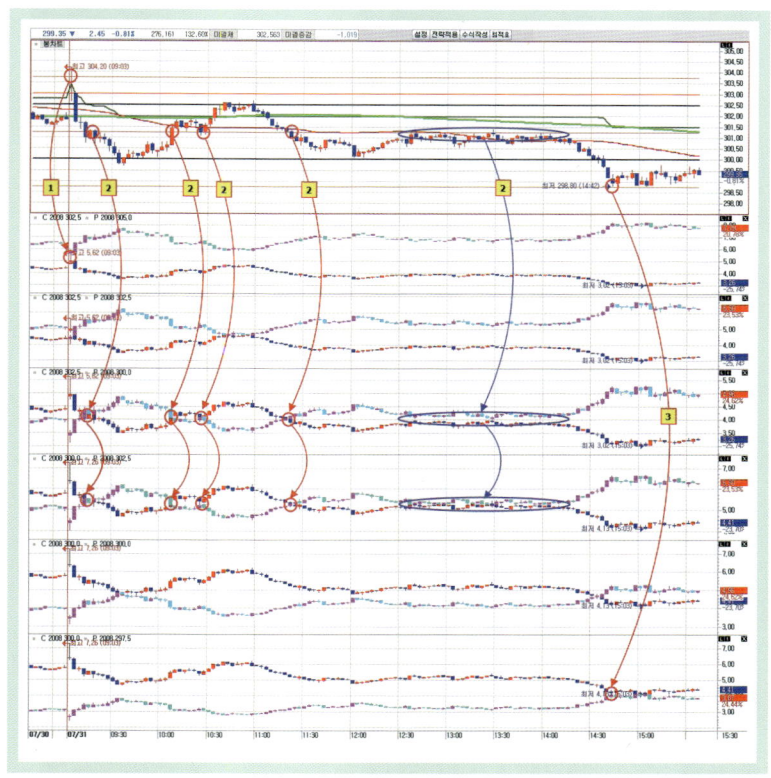

〈자료 6-22〉 선물과 옵션 교차의 연관성 02

이와 같이 선물의 변곡 자리와 옵션의 교차는 밀접한 연관이 있으며, 이 자리만 알고 있어도 ETF 상품 중 KOSPI200을 추종하는 상품 매매에서 매우 유용하게 활용할 수 있는 매매 도구가 될 수 있습니다.

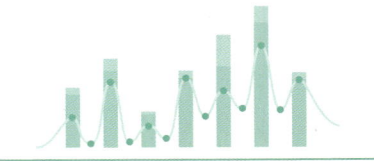

선물 옵션 교차 차트
만들기와 설정하기

　옵션 교차 차트 만들기는 거의 모든 증권사 HTS에서 지원하는 기능입니다.

　그러나 옵션을 매매하는 매매자들 외엔 큰 관심을 갖지 않고, 선물 옵션 매매자들 중에도 '가격이론'을 매매 기법으로 사용하지 않는 매매자들에게는 낯선 차트 설정입니다.

　그러나 앞 장에서 옵션등가선과 등가변경선, 그리고 옵션의 교차가 얼마나 중요한지에 대해 충분히 느끼셨을 겁니다.

　따라서 옵션 교차 차트 만들기와 설정하기는 중요한 매매 도구입니다.

〈자료 6-23〉 옵션 교차 차트 설정 01

이베스트증권의 경우, 시스템 차트에서 차트 상단에 '전'이라는 글자를 클릭하면 '추'라는 글자로 변경됩니다. '추'라는 글자의 의미는 차트를 추가한다는 의미입니다.

〈자료 6-24〉 옵션 교차 차트 설정 02

6장. ETF 실전 매매를 위한 나만의 도구

'전'를 한 번 클릭해 '추'로 변경한 후, 1번 돋보기 모양의 버튼을 클릭합니다.

돋보기 모양은 종목안내창입니다.

돋보기 버튼을 누르면 〈자료 6-25〉와 같은 종목안내창이 생성됩니다. 종목안내창에서 1번 상단 메뉴는 KOSPI200지수 선물의 종목 코드입니다. 선물은 3개월 단위로 만기가 도래하기 때문에 종목도 3개월 단위로 되어 있습니다. 'F 2009'의 의미는 'F'는 선물(Futures)을, 2009는 20년 9월물이란 의미를 갖고 있습니다.

〈자료 6-25〉 파생상품 종목안내창

2번은 콜 옵션과 풋 옵션의 행사가이며 3번은 콜 옵션의 월물, 4번은 풋 옵션의 월물을 표시하고 있습니다. 선물 만기가 3개월인 반면, 옵션의 만기는 1개월이기에 종목도 월별로 있습니다.

그리고 최근에는 위클리 옵션이 만들어져 만기가 일주일인 초단기 옵션도 있습니다.

종목안내창에서 콜 옵션 300.00과 풋 옵션 300.00을 각각 클릭하면 〈자료 6-24〉처럼 선물 차트 아래에 콜 옵션과 풋 옵션 300.00의 차트가 생성됩니다.

〈자료 6-24〉에서 2번 풋 옵션 종목명인 2번을 더블클릭하시면 〈자료 6-26〉처럼 차트 설정창이 생성됩니다.

콜 옵션과 풋 옵션의 교차 차트 만들 때 차트봉 색깔을 같은 색으로 지정하면 교차 차트가 만들어질 때 콜 옵션과 풋 옵션의 구별이 힘들어 콜 옵션의 경우 '색상/형태'에서 채우기에 모두 체크하고, 풋 옵션의 경우 모두 체크하지 않습니다.

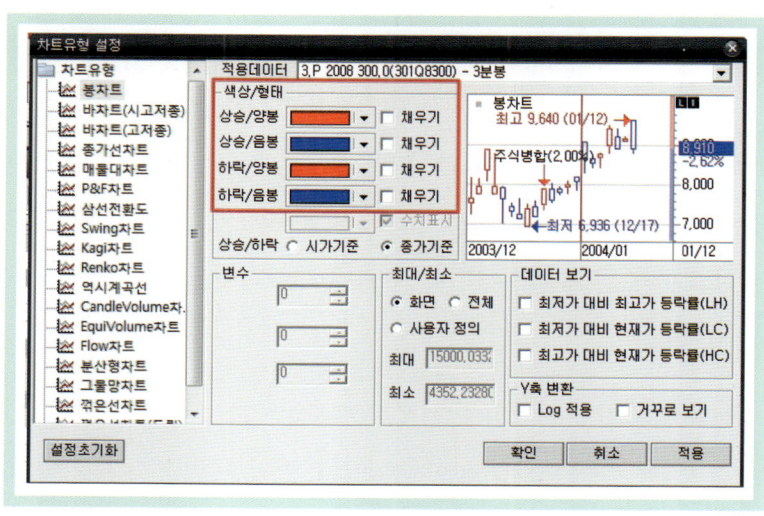

〈자료 6-26〉 차트 유형 설정창

6장. ETF 실전 매매를 위한 나만의 도구　165

콜 옵션이나 풋 옵션의 색상은 채우기 오른쪽의 '▼' 표시를 클릭하면 다양한 색 지정이 가능합니다.

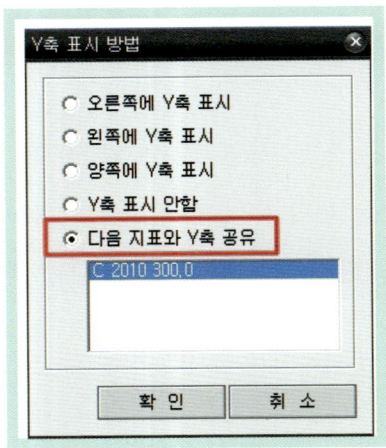

〈자료 6-27〉 Y축 표시 방법창

색 지정이 끝나면 〈자료 6-24〉의 2번 풋 옵션 300.00의 종목명인 'P2008 300.00'을 마우스 오른쪽 버튼을 눌러 클릭해 콜 옵션 300.00 영역으로 드래그하면 〈자료 6-27〉 'Y축 표시 방법'이라는 창이 실행됩니다. 이 창에서 반드시 다음 지표와 Y축 공유를 체크하시고 아래 빈 박스에 C2010 300.0을 클릭하신 후 확인을 누르시면 됩니다.

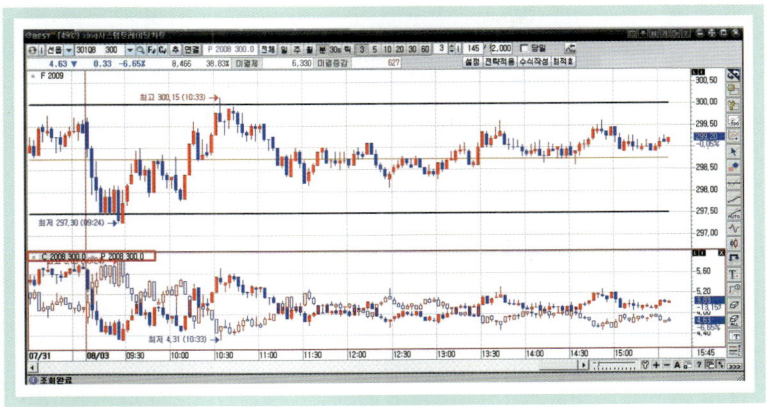

〈자료 6-28〉 옵션 교차 차트 설정 03

〈자료 6-27〉 'Y축 표시 방법'을 완료하면 〈자료 6-28〉처럼 선물 차트 아래에 콜 옵션 300.00과 풋 옵션 300.00이 서로 합쳐진 교차 차트가 완성됩니다.

차트 설정을 '추'에 설정하고 필요한 행사가를 계속해서 만들어 나갈 수 있습니다. 이렇게 행사가별로 만든 교차 차트는 행사가를 추가해 자기 기준에 맞게 만들어 사용하면 됩니다.

필자의 경우, 상단에 선물 차트와 하단으로 1.25포인트 간격으로 총 여섯 개의 옵션 교차 차트를 만들어 사용합니다. 필자가 세팅해 사용하는 선물 옵션 교차 차트는 총 5포인트의 선물 변동성까지 적용해 사용할 수 있습니다.

6장. ETF 실전 매매를 위한 나만의 도구 167

〈자료 6-29〉 선물 옵션 교차 차트 예시

통상 한 달간 변동성을 보면 20포인트 내외이나, 변동성이 커지는 장에서는 한 달에 50포인트 이상의 움직임이 나올 수도 있기에 월물 초반에 〈자료 6-29〉처럼 선물 옵션 교차 차트를 지수별로 만들어 사용하면 편리합니다.

〈자료 6-29〉 차트 위에 마우스 오른쪽을 클릭하면 설정 메뉴 박스가 실행됩니다.

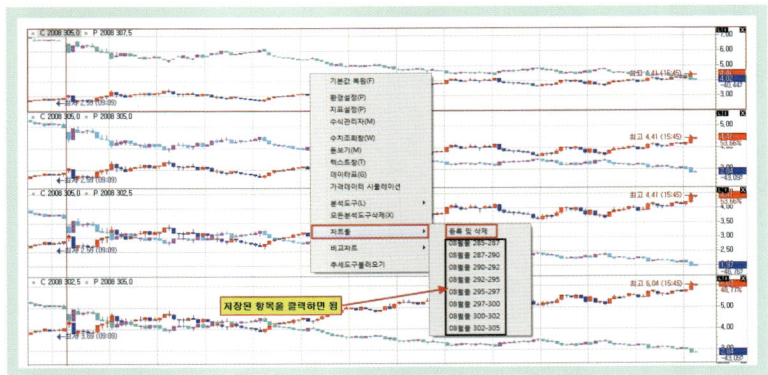

〈자료 6-30〉 차트 툴 저장 방법 01

메뉴 박스에서 차트 툴에 마우스를 갖다대면 다시 설정 차트를 등록하는 창이 뜨며 그 창 아래엔 저장된 차트들이 나타납니다.

저장된 차트를 불러오는 것은 해당 차트를 클릭만 하면 됩니다. 새로운 차트를 만들어 저장하려면 등록 및 삭제 박스를 클릭하면 등록 및 삭제하는 메뉴가 실행됩니다.

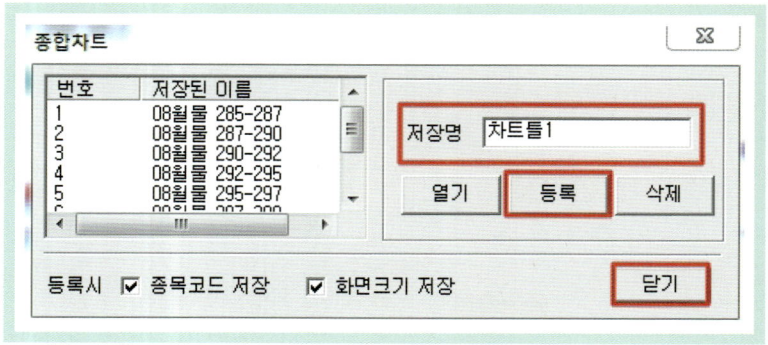

〈자료 6-31〉 차트 툴 저장 방법 02

저장명에 자기만의 차트 이름을 정하고(통상 혼돈하지 않기 위해 월물과 지수를 적어 차트명으로 사용하는 경우가 많습니다) 등록을 누르고 닫기를 하면 저장됩니다. 또한 잘못 설정된 차트나 월물이 지난 차트의 경우, 삭제를 누르고 닫기를 하면 됩니다.

일반 주식이나 ETF에서는 잘 사용하지 않는 차트 설정법이기에 자세하게 알아봤습니다.

KOSPI200지수를 추종하는 상품의 가장 객관적인 매매 기준은 본질가치인 KOSPI200이나 KOSPI200 선물 지수를 추종하는 매매 기준을 따르는 것입니다.

교차 차트 설정에 대해서는 필자가 운영하는 네이버 카페(http://cafe.naver.com/ks7478)에 동영상으로 자세히 설명되어 있으니 이해가 안 되시는 분들은 참고 바랍니다.

more

7장
KOSPI200지수 추종 ETF 상품 실전 매매

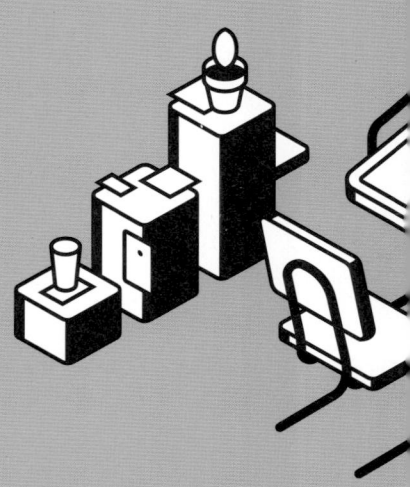

ETF
TRADING

more

이제 ETF 상품에 대한 장점을 기술한 책과 자료는 시장에 제법 많이 출판되어 있습니다. 그러나 정작 어떤 상품을 어떻게 실전에서 매매하는지에 대한 실전 매매 책이나 자료는 매우 부족해 ETF 상품을 매매하려는 분들에게 어떤 기준도 제시해주지 못하고 있는 게 현실입니다.

ETF 전문가들은 ETF는 좋은 상품이며, 장기 투자와 적립식 투자에 적합하며, 자산배분을 통해 안정적으로 투자할 수 있는 상품이라고만 설명합니다. 또한, ETF 상품 중 레버리지나 인버스2X 상품은 단기 상품이며, 위험하다고 합니다.

정작 뭐가 위험하고 단기 상품이기에 어떤 매매 기법(기준)으로 매매하라는 조언을 하는 전문가나 책은 시장에 없습니다.

그럼 과연 단기 상품인 ETF 레버리지나 인버스2X에는 어떤 위험이 도사리고 있고, 어떤 기준으로 어떻게 매매해야 하는지에 대해 알아보기로 하겠습니다.

필자가 제시하는 매매 기법(기준)은 매매하는 사람에 따라 맞지 않을 수도 있고 맞을 수도 있습니다. 자신에게 이 매매 기법(기준)이 맞는다면, 검증을 통해 실전 매매에 이용하시면 되고, 맞지 않는 분들은 이용하지 말고 '이런 매매 기법도 있구나' 하고 참고만 하시면 됩니다.

7장. KOSPI200지수 추종 ETF 상품 실전 매매 175

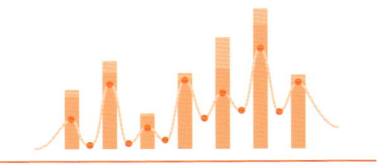

시가-저가에 레버리지를 매수하고
시가-고가에 인버스2X를 매수합니다

KOSPI200지수를 추종하는 상품을 운영하는 대표적인 자산운용사와 ETF 상품은 〈자료 7-1〉과 같습니다.

(2020년 8월 7일 기준)

종목명	운용사	시가총액(천원)	유통주식수(천)	수수료
KODEX 200	삼성자산운용	4,981,982,500	159,500	0.150%
TIGER 200	미래에셋자산운용	2,714,321,500	86,900	0.050%
KBSTAR 200	KB자산운용	1,146,830,000	36,500	0.045%
ARIRANG 200	한화자산운용	811,690,000	25,850	0.040%
HANARO 200	NH자산운용	782,812,500	25,050	0.036%
KINDEX	한국투자신탁운용	677,428,500	21,650	0.090%
KOSEF	키움투자자산운용	616,714,000	19,600	0.130%

〈자료 7-1〉 KOSPI200지수 추종 상품의 대표적인 자산운용사와 ETF 상품

KOSPI200지수 추종 ETF 상품을 운용하는 대표적인 일곱 개 자산운용사와 운용사별 ETF 종목명입니다.

ETF 상품은 추종하는 지수가 같은 상품이 운용사별로 있기에

여러 상품이 있으며, 이 중 유통 주식수가 많고 운영 수수료가 적은 상품을 선택하는 게 좋습니다.

앞에서 열거한 상품은 KOSPI200지수와 같은 비율의 변동성을 갖는 상품으로, 단기 매매에는 적합하지 않고 중기나 장기 적립식 매매에 적합합니다.

단기적인 매매에 최적화되어 있는 상품들은 앞의 상품의 파생형인 레버리지와 인버스2X 상품으로 기존 상품에 비해 두 배의 레버리지를 갖습니다.

다시 말해, KOSPI200이 1% 상승하면 KODEX 200 상품도 1% 가량 상승하지만, KODEX 레버리지 상품은 그 두 배인 2%가 상승하게 되어 더 큰 수익과 더 큰 손실을 볼 수 있어 중기나 장기 매매보다는 단기 매매에 적합니다.

KOSPI200지수 추종 상품들은 KOSPI200 선물과 옵션의 매매 기법(기준)을 따라 하면 됩니다. KOSPI200 선물이나 옵션 매매를 해보신 경험자분들이라면, 아침 장 시작과 함께 중요한 기준 중 하나가 시가 형태라는 점을 알고 계실 겁니다.

2020년 6, 7, 8월물들을 보면 거래일 대비 30% 정도 장 시작과 함께 시가의 형태에 따라 장의 방향이 결정되는 것을 알 수 있습니다.

〈자료 8-2〉는 2020년 6월물 선물지수를 정리한 표입니다.

총 거래일 20일 중 시가-고가로 장이 시작하면서 장의 방향이 결정된 날이 총 3일이며, 시가-저가로 장의 방향이 결정된 거래일이 총 3일로 20거래일 중 6거래일이 시가로 장의 방향이 결정되었습니다.

이는 전체 거래일 대비 30% 정도의 확률로 결코 적은 확률이 아닙니다. 물론 항상 30% 정도가 나오는 것은 아닙니다.

상승장 추세가 형성되면 시가-저가가 자주 나타나고, 하락장 추세가 형성되면 시가-고가 형태가 자주 나타납니다.

반면 박스권 횡보 장에서 시가-고가나 시가-저가 현상은 줄어듭니다.

날짜	시가	고가	저가	종가
5/15	254.65	254.85	251.40	253.60
5/18	254.85	255.95	252.45	255.95
5/19	260.65	262.40	259.95	261.95
5/20	260.60	263.15	260.50	262.15
5/21	264.00	264.45	262.75	263.55
5/22	263.65	263.85	257.85	258.80
5/25	260.95	263.00	258.55	263.00
5/26	262.95	267.30	262.60	266.65
5/27	265.45	268.85	265.45	267.10
5/28	269.65	271.10	265.00	268.30
5/29	266.95	269.45	265.10	267.00
6/1	268.50	273.35	268.35	273.00
6/2	272.85	276.40	272.30	275.80
6/3	278.70	287.85	278.50	286.25
6/4	290.00	292.90	285.40	286.40
6/5	285.55	291.55	284.75	291.55
6/8	296.50	296.75	289.70	290.70
6/9	292.95	294.90	287.85	290.85
6/10	290.85	293.00	289.65	291.50
6/11	289.10	292.05	284.00	285.70

〈자료 7-2〉 2020년 6월물 KOSPI200 선물지수

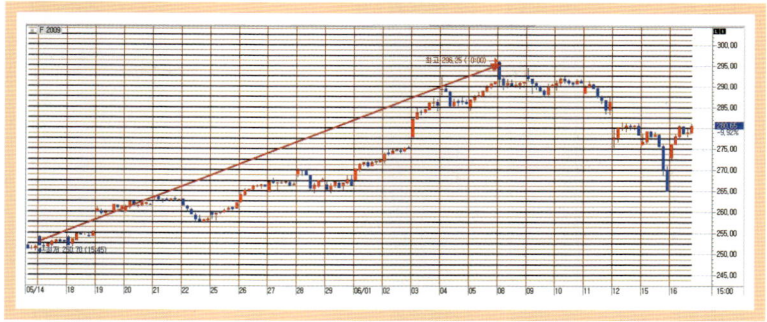

〈자료 7-3〉 2020년 6월물 선물 60분봉 차트

날짜	시가	고가	저가	종가
6/12	277.40	281.35	275.50	278.40
6/15	276.10	279.40	265.00	265.00
6/16	273.05	282.95	272.65	279.80
6/17	280.55	283.95	277.15	281.85
6/18	280.75	282.35	278.80	281.65
6/19	284.30	284.65	277.30	282.20
6/22	279.20	282.65	279.05	279.90
6/23	282.95	284.95	278.10	281.50
6/24	282.05	287.35	282.05	286.00
6/25	280.80	283.15	277.30	277.95
6/26	281.95	283.30	278.90	281.65
6/29	278.35	280.95	276.25	278.15
6/30	282.15	283.25	279.55	280.80
7/1	282.90	283.25	279.20	279.85
7/2	281.05	283.60	280.50	283.40
7/3	284.60	286.50	283.05	286.50
7/6	286.95	291.20	286.10	290.70
7/7	294.00	294.00	286.65	287.50
7/8	287.10	288.40	285.30	286.15
7/9	287.90	289.70	287.15	288.00

〈자료 7-4〉 2020년 7월물 KOSPI200 선물지수

7장. KOSPI200지수 추종 ETF 상품 실전 매매

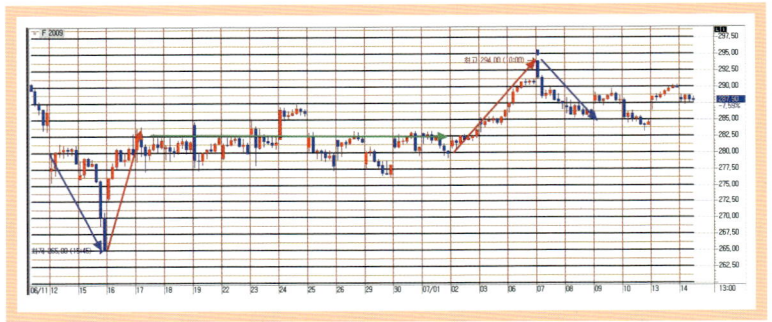

〈자료 7-5〉 2020년 7월물 선물 60분봉 차트

　　2020년 7월물에도 20거래일간 시가-고가 현상이 3거래일, 시가-저가 현상이 3거래일 나타나 총 6거래일이 나타났습니다. 그러나 장은 추세가 없이 위아래로 변동성이 심했던 월물이었습니다.

　　시가-고가와 시가-저가 매매는 단순한 현상을 보고 매매하는 것이 아니라, 진입과 손절에 대한 기준이 명확하기에 매매를 하는 것입니다.

　　시가를 기준으로 진입했기에 시가를 일정 정도 붕괴하면 손절해야 하는 것입니다. 시가 매매는 그 외에도 몇몇 기준을 합치면 확률적으로 높은 성공을 볼 수 있는 매매 기법(기준)입니다.

　　그러나 단순히 시가의 형태만 보고 어설프게 진입한다면 낭패를 볼 수도 있음을 명심해야 합니다.

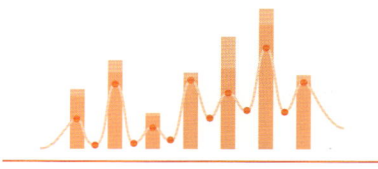

단기 매매는 옵션등가선과 등가변경선에서만 매매해야 합니다

앞에서 옵션등가선과 등가변경선에 대해 배웠습니다.

KOSPI200 선물의 변곡점은 모두 옵션등가선과 등가변경선에 일어난다는 것을 알 수 있었습니다.

따라서 KOSPI200을 추종하는 ETF 상품들은 옵션의 등가선과 등가변경선을 이용해 매매한다면 진입과 청산, 그리고 손절의 기준이 더욱 명확해집니다.

〈자료 7-6〉 KOSPI200 선물과 KODEX 레버리지, 인버스2X 비교 차트

〈자료 7-6〉은 2020년 7월 20일 선물 3분봉과 KODEX 레버리지와 KODEX 200선물인버스2X의 3분봉 비교 차트입니다.

장 시작은 등가선에서 시작해 잠시 상승 후, 바로 시가와 등가선을 붕괴하면서 하락하기 시작합니다(1번).

이때 시가 형태는 시가-고가 형태입니다. 시가 형태와 등가선,

그리고 등가변경선을 동시에 체크하면 시가 매매에서 성공 확률은 더 높아집니다.

이후 장은 등가변경선 근처에서 횡보하다 다시 장대 음봉으로 등가선 290.00까지 밀리고 (2번) 재차 하락해 등가변경선 288.75에서 3틱 위인 288.90에서 저점을 만들고 반등합니다(3번).

이때, KODEX 레버리지는 선물 차트와 마찬가지로 시가를 붕괴하면서 하락하기 시작합니다(4번). 또한 KODEX 200선물인버스2X는 시가를 회복하면서 상승하기 시작합니다(5번).

우리는 여기서 KOSPI200 선물의 기준이 KOSPI200을 추종하는 ETF 상품 매매의 기준이 된다는 점과 레버리지와 인버스2X처럼 단기 매매를 위한 상품에 적합하다는 사실을 알 수 있습니다.

〈자료 7-7〉은 2020년 8월 4일 선물 3분봉과 KODEX 레버리지와 KODEX 200선물인버스2X의 3분봉 비교 차트이며, 등가변경선과 시가-저가 형태의 실례입니다.

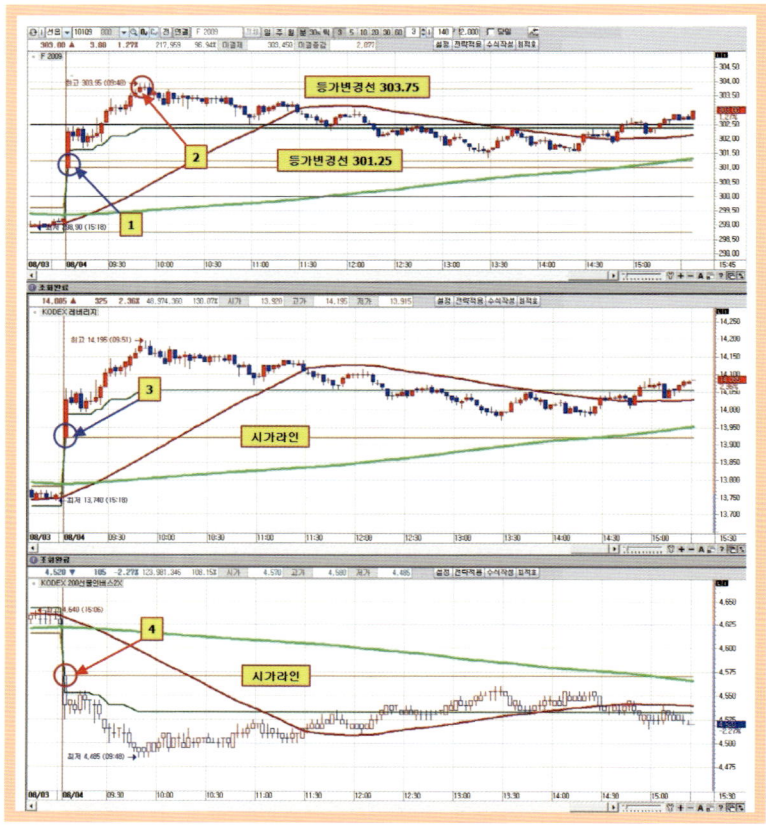

〈자료 7-7〉 KOSPI200 선물과 KODEX 레버리지, 인버스2X 비교 차트

    2020년 8월 4일 장 시작하면서 선물 시가 지수는 등가변경선에서 5틱 아래인 301.00에서 시작해 바로 등가변경선 301.25를 돌파합니다(1번). 시가-저가 형태이며, 등가변경선에서 장이 시작된 사례입니다.

    실전 매매라면 등가변경선 돌파 시 매수이며, 등가변경선 붕괴

후 시가까지 붕괴하면 손절 기준이 됩니다.

이후 장은 1시간 만에 2.50포인트를 상승해 고점을 만들고 하락합니다(2번).

이때 KODEX 레버리지를 보면, 시가라인에서 정확하게 시가-저가를 만들고 상승했습니다(3번).

반대로 KODEX 200선물인버스2X는 시가라인을 시가-고가 형태로 붕괴하며 장이 시작되었습니다(4번).

이후 KODEX 레버리지는 KOSPI200 선물지수와 똑같이 연동하며 움직였고, KODEX 200선물인버스2X는 정반대로 움직였습니다.

시가와 등가선, 그리고 등가변경선만 알아도 쉽게 KOSPI200을 추종하도록 설계된 ETF들에 대한 단기 매매가 가능하다는 반증입니다.

물론 장이 매일 시가-저가와 시가-고가로 시작되는 것은 아닙니다. 앞에서 이야기했듯이 시가-저가와 시가-고가로 시작되는 확률은 대략 30% 정도 되기에 손절에 대한 중요성이 강조되는 것이며, 수익 시 손절보다 길어야 하는 이유이기도 합니다.

그러나 시가 형태와 등가선과 등가변경선을 결합해 매매하면, 시가 매매 성공 확률은 30%보다 더 높아집니다.

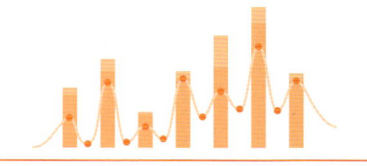

콜 옵션과 풋 옵션의 교차를 알면 확률은 추가로 더 높아집니다

6장에서 옵션 교차 차트 만들기에 대해 알아보면서 옵션 교차와 등가선, 그리고 등가변경선의 중요성에 대해 간단하게 알아보았습니다.

국내 파생 시장 규모가 세계 1위던 시절, 시장에선 옵션이 가장 먼저 움직이고 그 다음 선물, 그 다음 KOSPI200이 움직인다고 했고, 실전에서 옵션이 미세한 차이로 먼저 움직였습니다.

옵션이 본질가치인 KOSPI200보다 먼저 움직이는 이유에 대해 많은 추측이 있었지만, 정확한 이유는 알려지지 않았습니다. 하지만 옵션이 선행해 옵션의 현상을 중요하게 여기게 되었던 것 또한 사실입니다.

KOSPI200지수를 추종하게 설계된 ETF의 경우, 실전 매매에서 선물과 옵션을 절대 등한시하면 안 되는 이유이기도 합니다.

18세기 고대 수학자들이 옵션의 교차 비밀을 알기 위해 수많은 연구를 해서 얻은 결론은 콜 옵션과 풋 옵션의 교차 승률은 50대 50이라는 것입니다.

그만큼 콜 옵션과 풋 옵션 중 어느 옵션이 교차에서 승리할지 알기가 어렵다는 반증입니다. 옵션의 교차만 알 수 있다면 장의 방향을 알 수 있기에, 지금도 옵션 교차는 매우 중요한 포인트입니다.

필자의 가격이론 시리즈 중 세 번째 책인 《가격이론 절대기법》은 이런 교차의 현상을 원리적으로 이해할 수 있도록 소개한 책입니다.

ETF를 매매하면서 '선물 옵션 가격이론' 전체를 공부하는 것은 너무 많은 부분을 알아야 하기에 여기서는 가격이론의 몇 가지 현상과 원리로 ETF 매매의 기준을 잡으려 하며, 그중 중요한 포인트가 콜 옵션과 풋 옵션의 교차입니다.

옵션에 대해 모르는 분들을 위해 간단하게 옵션에 대해 설명드린 후에, 교차에 대해 설명하도록 하겠습니다.

모든 거래 상품은 각각의 종목으로 이루어져 있습니다.

그러나 옵션은 행사가별로 콜 옵션과 풋 옵션 한 쌍으로 이루어져 있으며, 서로 싸워서 이기려 합니다. 콜 옵션과 풋 옵션이 서로 싸워 이기려 하는 것은 등가변경을 위한 것입니다. 이기는 옵션의 방향으로 등가는 변경되기 때문입니다.

옵션을 공부하다 보면 자기 가격과 상대 가격 중 어느 가격이 더 중요한지에 대해 많은 의문을 갖게 되는데, 이는 옵션의 가장 기본적인 속성을 모르고 있기 때문입니다.

콜 옵션과 풋 옵션이 서로 싸워 이기려 하기에 자기 가격보다 항상 상대 가격이 중요한 것이며, 상대 가격을 이겨야만 옵션의 행사가를 변경할 수 있기 때문입니다.

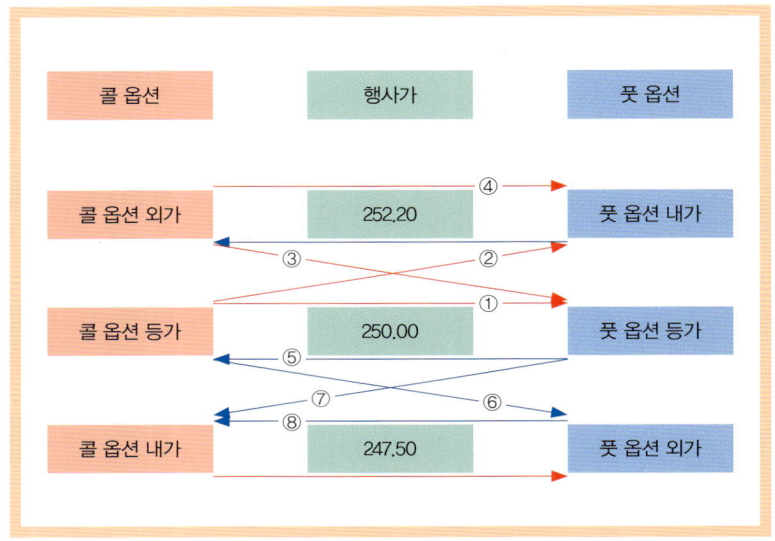

〈자료 7-8〉 옵션 교차의 이해
출처 : 《가격이론 절대기법》

〈자료 7-8〉은 옵션 교차를 쉽게 이해하기 위해 만든 자료입니다.

등가(중심) 옵션이 250.00이라는 의미는 선물 현재가가 251.25~248.75 사이에 있을 때, 등가(중심) 옵션은 옵션 행사가 250.00이 되며, 여기서 콜 옵션 250.00과 풋 옵션 250.00이 서로 이기기 위해 교차를 반복하며 교차 싸움을 하게 됩니다.

만일 콜 옵션 250.00이 풋 옵션 250.00을 가격적으로 이겨 교차 승한다면(1번) 콜 옵션 250.00은 풋 옵션의 1내가인 252.50과 크로스 교차 싸움을(2번) 하러 가며 풋 옵션 250.00은 콜 옵션의 1외가인 252.50과 크로스 교차 싸움을(3번) 합니다.

여기서 콜 옵션이 모두 승리하면 다음 행사가인 252.50으로 등가(중심)옵션이 변경됩니다(4번).

반대로 콜 옵션 250.00이 풋 옵션 250.00에게 교차패하게 되면(5번), 콜 옵션 250.00은 풋 옵션 1외가 247.50과 크로스 교차(6번)하러 가며, 풋 옵션 250.00은 콜 옵션 1내가 247.50과 크로스 교차(7번)하러 갑니다.

여기서 풋 옵션이 모두 승리하면 다음 행사가인 247.50으로 등가(중심) 옵션이 변경됩니다(8번).

선물은 2.50포인트를 움직이려는 속성이 있습니다

그 이유는 옵션 행사가가 2.50포인트로 이루어져 있기 때문입니다. 따라서 일일 매매에서 한 시세의 시작과 끝은 장 시작과 함께 콜 옵션과 풋 옵션이 서로 만나는, 다시 말해 등가(중심) 콜 옵션과 풋 옵션의 교차에서 다음 행사가까지 교차가 그 일차 시세입니다.

교차에서 다음 행사가 교차까지는 2.50포인트이며, 선물도 옵션의 한 행사가 차이인 2.50 포인트를 움직이려는 속성을 갖게 되는 것입니다.

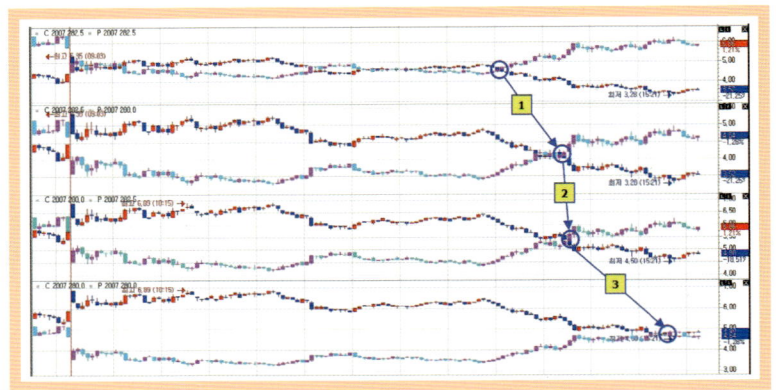

〈자료 7-9〉 2020년 7월 1일 옵션 교차 차트

〈자료 7-9〉는 2020년 7월 1일 등가선인 282.50에서 장이 시작한 사례입니다.

장 후반까지 등가(중심)옵션이 행사가 282.50에서 계속해서 교차 싸움이 일어나다 장 후반 풋 옵션 282.50이 콜 옵션 282.50을 교차에서 이기고 콜 옵션 282.50과 풋 옵션 280.00에서 크로스 교차 싸움을 합니다(1번). 이후 콜 옵션 280.00과 풋 옵션 282.50 크로스 싸움(2번)에서 풋 옵션이 승리하면서 다음 등가인 280.00에서 콜 옵션과 풋 옵션이 교차 싸움을 합니다(3번).

행사가 282.50에서 280.00으로 2.50포인트 하락한 것입니다. 이처럼 선물과 옵션은 2.50포인트를 기본 진폭으로 움직이려는 속성이 있습니다.

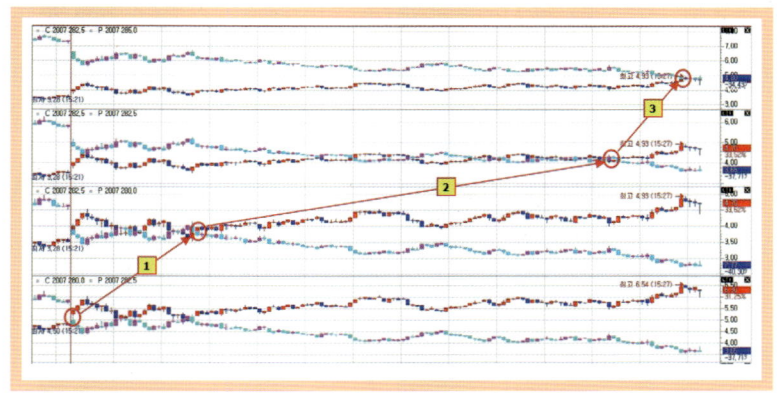

〈자료 7-10〉 2020년 7월 2일 옵션 교차 차트

〈자료 7-10〉은 2020년 7월 2일 옵션 교차 차트로 크로스 교차에서 장이 시작한 사례입니다.

장 시작은 콜 옵션 280.00과 풋 옵션 282.50 크로스 교차에서 시작하며, 콜 옵션 280.00이 풋 옵션 282.50 크로스 교차에서 승리해 다음 크로스 교차인 콜 옵션 282.50과 풋 옵션 280.00 크로스 교차 싸움을(1번) 합니다.

이후 콜 옵션이 승리해 다시 등가(중심)옵션인 행사가 282.50에서 콜 옵션과 풋 옵션이 교차 싸움을 하고(2번) 콜 옵션이 승리하자 콜 옵션 282.50과 풋 옵션 285.00 크로스 교차를 확인하러 갑니다(3번).

여기서도 선물은 281.25에서 시작해 283.75까지 2.50포인트 상승합니다.

이렇듯이 선물과 옵션은 기본적으로 2.50포인트를 움직이려는 속성이 있고, 교차와 크로스 교차 자리가 주된 변곡 자리가 됩니다.

따라서 KOSPI200지수 추종 ETF 거래 시 시가 형태와 등가선, 등가변경선 그리고 옵션의 교차와 크로스 교차를 합쳐서 진입과 청산 기준을 잡으면 훌륭한 매매 기준이 됩니다.

또한 기본적으로 2.50포인트 변동성에 대해서 알기만 하면, 진입 시 짧은 익절보다는 2.50포인트씩 단기 추세 매매가 가능합니다.

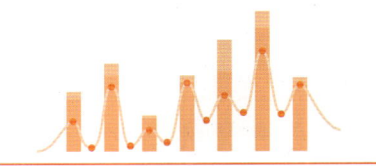

시가선과 중심선을 이용한 실전 매매

앞에서 시가 형태에 따른 매수·매도 신호 설정하는 법은 배웠습니다. 이제는 시가선과 중심선을 설정하는 방법과 실전에서 어떻게 사용하는지 알아보겠습니다.

이베스트증권 시스템 트레이딩 차트에서 오른쪽 마우스를 클릭해 메뉴창을 실행하고, 수익관리자를 선택하면 수식관리자창이 생성됩니다.

〈자료 7-12〉 수식관리창에서 새로 만들기(1번)를 선택 후 지표명에 '시가라인'이라 입력하시고(2번), 수식과 수식1(3번)을 차례로 선택합니다.

그리고 수식 이름에 '시가'(4번)이라 입력 후, 수식창에 'dayopen ( )'이라(5번) 입력합니다.

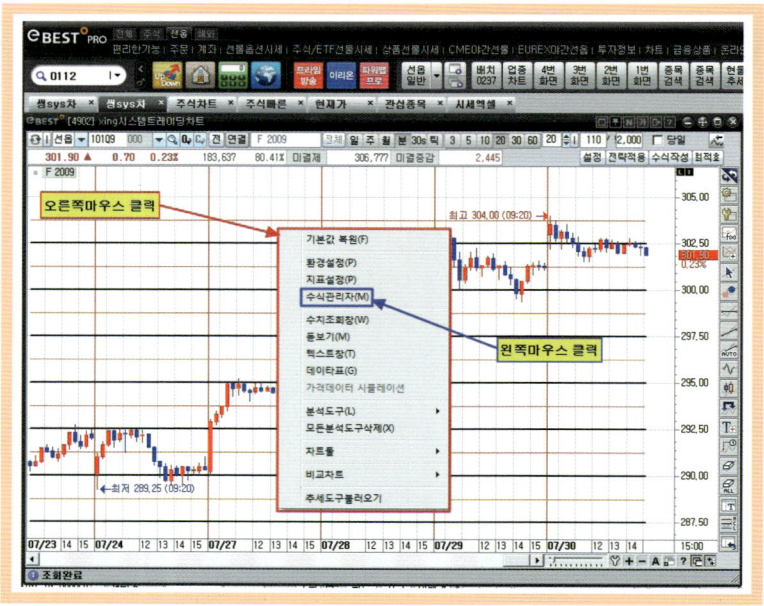

〈자료 7-11〉 차트 설정 메뉴창

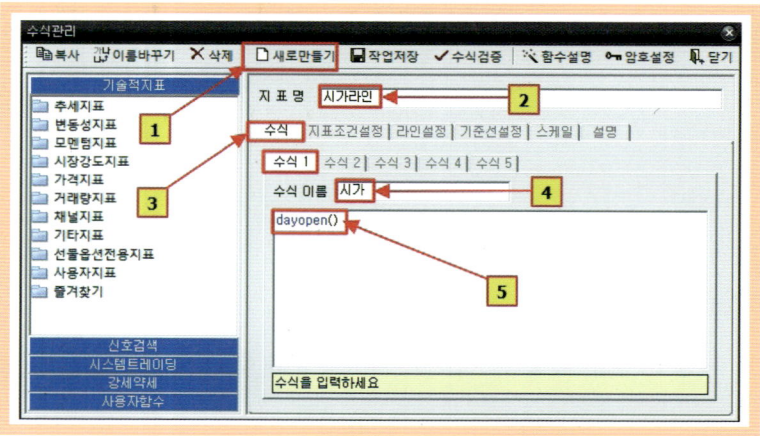

〈자료 7-12〉 수식관리창(새로 만들기)

다음으로 라인 설정을 선택해 시간에 체크하고, 라인을 설정하면 됩니다.

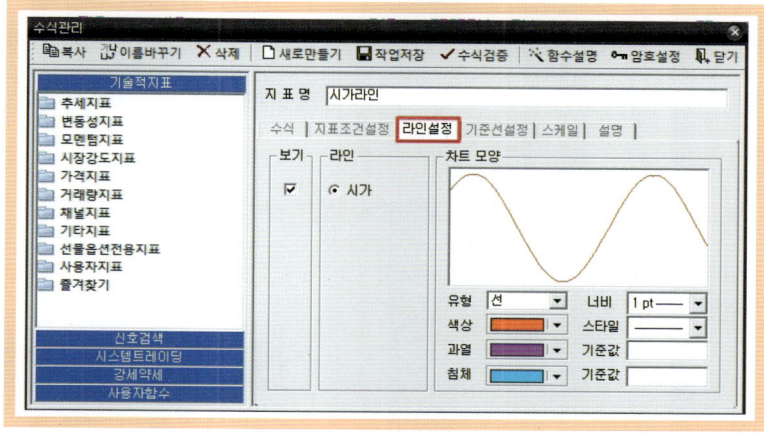

〈자료 7-13〉 수식관리창(라인 설정)

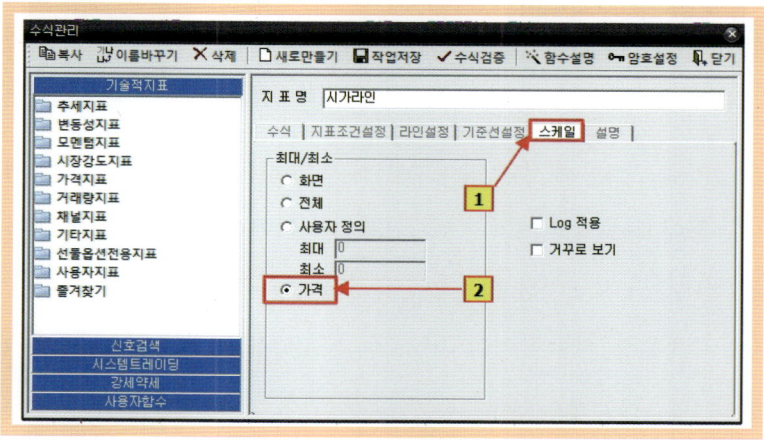

〈자료 7-14〉 수식관리창(스케일 설정)

7장. KOSPI200지수 추종 ETF 상품 실전 매매　195

라인 설정이 완료되면 스케일 메뉴를(1번) 선택해 가격을(2번) 체크합니다.

스케일 설정이 완료되면 상단 수식검증 메뉴(1번)를 선택해 '수식이 이상 없습니다'라는 창이 뜨면 확인(2번)을 선택하고 상단 메뉴에서 작업 저장(3번)을 하면 우측 '사용자지표'에(4번) 저장됩니다.

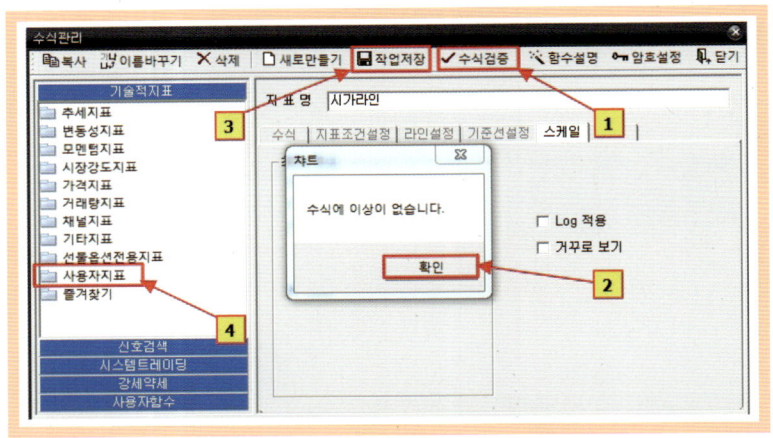

〈자료 7-15〉 수식관리(수식검증 → 작업 저장)

〈자료 7-11〉에서와 같이 차트에서 오른쪽 마우스를 클릭하면 메뉴창이 생성되고 여기서 '수식관리자' 위에 있는 '지표설정' 메뉴를 선택하면 지표설정 메뉴창이 생성됩니다. 〈자료 7-16〉

'지표설정' 메뉴창에서 좌측 '적용지표/유형' 메뉴에서 '사용자지표'를 선택하면 〈자료 7-17〉창으로 변경됩니다.

여기서 '적용 데이터', 다시 말해 적용할 차트를 선택하고(1번) '적용지표/유형'에서 '시가'(2번)를 선택하고 3번을 선택 후 적용과 확인을 차례대로 누르면 차트에 적용됩니다.

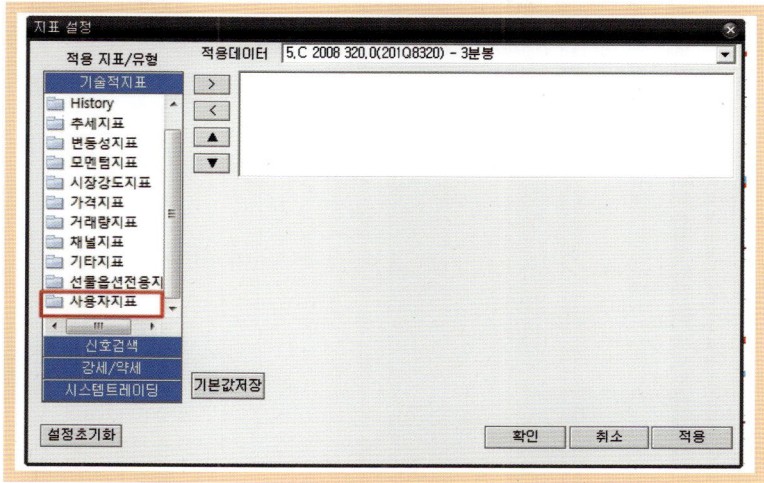

〈자료 7-16〉 지표설정 메뉴창

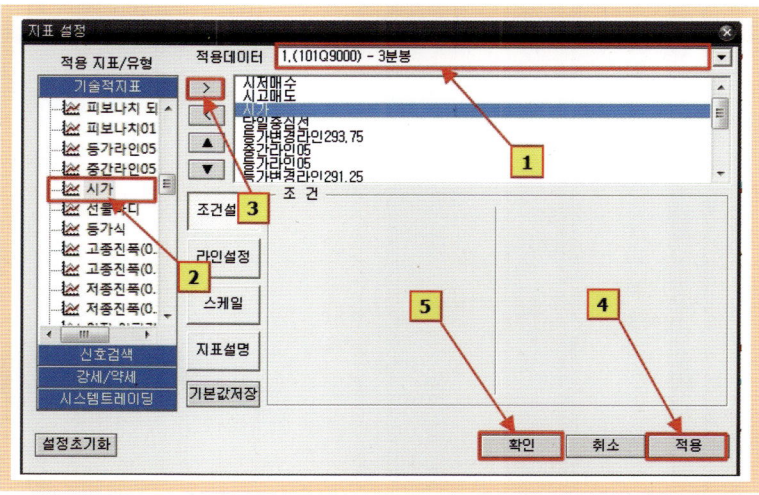

〈자료 7-17〉 지표설정(사용자 지표)

중심선도 앞에서와 같이 설정하면 되고 중심선 수식은 '(dayhigh()
+daylow())/2'로 입력하면 됩니다(〈자료 7-18〉 참조).

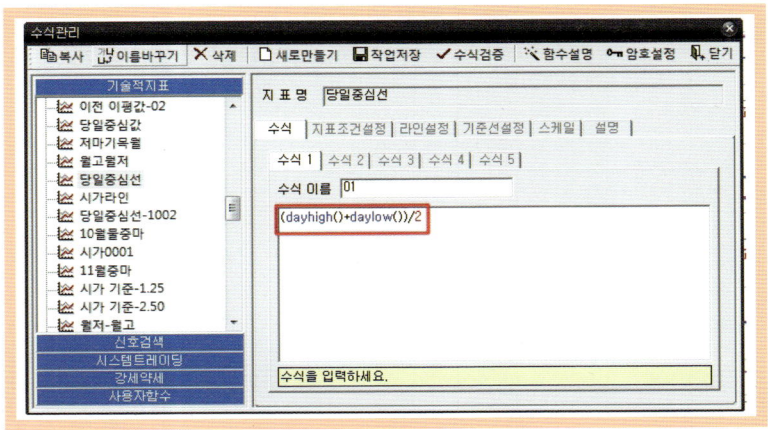

〈자료 7-18〉 수식관리(당일 중심선 설정수식)

그럼 실전 매매에서 시가선과 중심선의 역할에 대해 알아보도록 하겠습니다.

〈자료 7-19〉 2020년 7월 23일 선물 3분봉 차트

〈자료 7-19〉는 2020년 7월 23일 선물 3분 차트입니다.

장 시작하면서 시가-고가 형태이며, 등가선과 등가변경선 중간에서 위치에서 시작하면서 콜 옵션 295.00과 풋 옵션 292.50 크로스 교차로 시작됩니다.

앞 장에서 모두 언급되었던 매매 기준들입니다.

따라서 시가를 붕괴하느냐, 시가를 지지하느냐, 장의 방향은 시가의 형태와 크로스 교차에 달렸는데, 장 시작과 함께 시가를 붕괴하고 바로 크로스 교차에서 풋 옵션이 승리하며 등가변경선을 붕괴하고 중심선마저 붕괴합니다(1번).

장은 다음 등가변경선인 291.25 근방까지 2.50포인트 이상 하락하고 조정은 1.25포인트(3번)가량 상승한 후 다시 2.50 포인트 정도 추가 하락(4번) 후 다시 반등해 2.50포인트 가량 상승합니다(5번).

선물지수가 돌파하지 못하고 저항받는 지점을 보면 중심선과 등가선이 겹쳐 있는 자리입니다(2번).

이와 같이 중심선은 등가선이나 등가변경선과 뭉쳐 있을 경우, 당일의 강력한 지지 또는 저항선으로 작용합니다. 다시 말해, 단기 추세선으로 이해하시면 됩니다.

〈자료 7-20〉은 2020년 7월 23일 KODEX 레버리지 3분 차트입니다. 3분 차트에 보조지표로 가장 많이 사용하는 가격 평균 이동선을 대비해봤습니다.

당일 고점과 저점에 대한 근거가 있나 찾아보십시오. 역배열이라는 근거 외적으로 매매에 대한 근거는 없습니다.

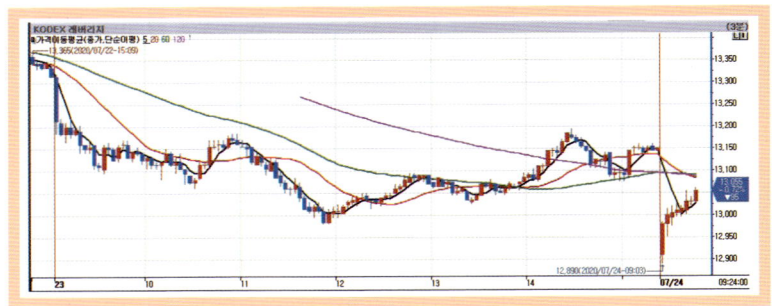

〈자료 7-20〉 2020년 7월 23일 KODEX 레버리지 3분봉 차트

따라서 KOSPI200지수 추종 ETF 상품에 대한 매매 기준은 KOSPI200 선물과 옵션으로 잡아야 하는 이유입니다.

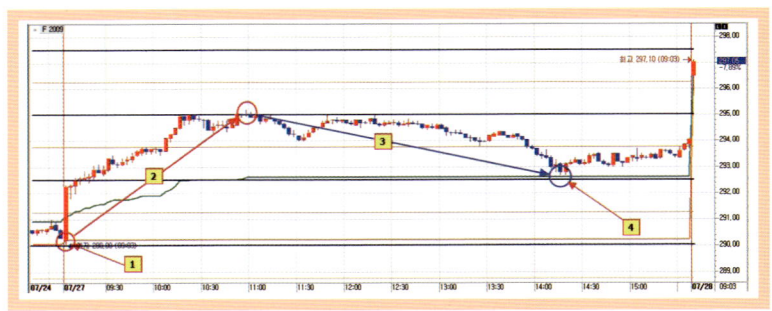

〈자료 7-21〉 2020년 7월 27일 선물 3분봉 차트

〈자료 7-21〉은 2020년 7월 27일 선물 차트 3분봉입니다.

시가 형태는 시가-저가이며, 장 시작은 등가선에서 시작하며, 행사가 290.00에서 풋 옵션이 교차 실패하고 콜 옵션이 교차승하면서 장은 시작됩니다(1번).

이후 바로 중심선과 등가변경선 291.25를 돌파하며 불과 10분

만에 2.50포인트를 상승하고 2.50포인트를 추가 상승해 총 5포인트 넘게 상승 후 조정합니다(2번).

2.50포인트 하락 조정 시(3번) 중심선과 292.50 등가선이 합쳐져 있는 자리에서 하락은 멈춥니다(4번).

〈자료 7-22〉 2020년 8월 11일 선물 3분봉 차트

〈자료 7-22〉는 2020년 8월 11일 선물 3분 차트입니다.

장 시작은 역시 시가-저가 형태로 장 시작 후 바로 등가선인 317.50을 돌파합니다(1번). 그리고 행사가 317.50에서 콜 옵션과 풋 옵션의 교차 싸움이 일어나고 바로 콜 옵션이 교차승하면서 상승하기 시작합니다.

1차 상승 후 조정하면서 중심선 근처에서 횡보 후(2번) 재상승해 등가선이 325.00까지 돌파 후 붕괴되면서(3번) 조정합니다.

이와 같이 장은 등가선, 등가변경선, 교차, 그리고 시가선과 중심선 등에서 변곡이 일어납니다.

그러나 KOSPI200지수 추종 ETF 상품에는 이런 기준이 없다는 것을 알아야 합니다.

시장 전문가들이 ETF 매매에서 단순히 장기 투자와 적립식 투자를 이야기하는 것 역시 ETF에는 매매에 대한 기준이 없고, 개별 주식처럼 접근해야 하기 때문에 어려움이 따르기 때문입니다.

more

8장

옵션 마디 가격 뒤집기를 이용한 ETF 스윙 매매

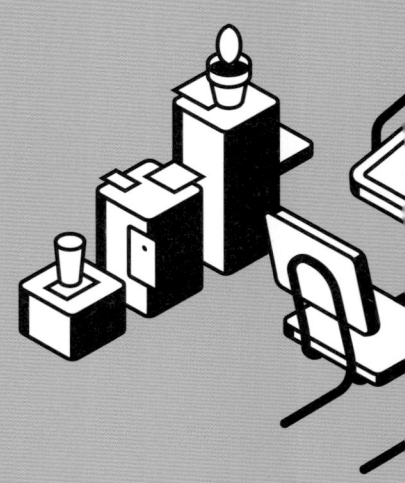

ETF
TRADING

more

'선물 옵션 가격이론'에서 가장 중요하게 여기고 '선물 옵션 가격이론'의 꽃이라 칭하는 매매 기법이 바로 '선물 옵션 마디 가격 뒤집기' 매매입니다.

필자의 첫 번째 책인 《가격이론 실전검증》이라는 책에서 마디 가격 뒤집기에 대해 자세하게 설명하고, 실전 매매 실례도 사례별로 설명했습니다.

그 당시만 하더라도 '선물 옵션 마디 가격 뒤집기'를 가르쳐주는 곳도 없었고 배우려 하면 고액의 수강료를 내야만 하는 시절이어서 선물 옵션 매매를 하는 개인 매매자들 사이에서 많은 호평을 받았습니다.

'선물 옵션 마디 가격 뒤집기'는 선물 한 마디인 10포인트의 변동성을 이용한 매매 기법으로 선물이 하루에 10포인트 움직이는 경우는 드물며, 통상 2~3거래일에 걸쳐 목표가에 도달합니다.

따라서 KOSPI200지수를 추종하도록 설계된 ETF 상품에도 적용이 가능한 매매 기법이며, 단기 매매를 위해 설계된 레버리지와 인버스2X 상품에도 적용이 가능합니다.

그러나 선물 옵션 마디 가격 뒤집기를 배우려면 많은 옵션 기초 지식과 이해가 필요하기에 이 장에서는 간단하게 '선물 옵션 마디 가격 뒤집기'에 대해 설명해드리고 실전 스윙 매매 적용 실례를 살펴보도록 하겠습니다.

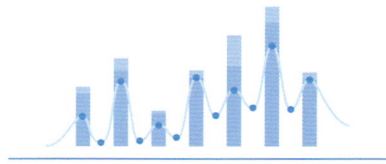

옵션 마디 가격 뒤집기를
이용한 ETF 매매

그럼 먼저 옵션 가격 뒤집기에 대한 종류부터 알아보겠습니다. 옵션 가격 뒤집기에는 크게 세 가지가 있습니다.

첫 번째, 교차 가격 뒤집기
두 번째, 옵션 가격(판) 뒤집기
세 번째, 마디 가격 뒤집기가 있습니다.

이 세 가지 가격 뒤집기는 결국 세 번째 마디 가격 뒤집기를 위한 단계입니다.

마디 가격 뒤집기를 잡는 기준도 세 가지이며, 이 기준은 옵션의 가격적 현상을 보면서 마디 가격 뒤집기를 확정하기에 옵션에 대해 알아야 합니다.

여기서는 세 가지 기준만 간단하게 열거하고 우리가 알아야 할 마디 가격 뒤집기의 단순한 예에 대해 설명해드리겠습니다.

마디 가격 뒤집기 기준은,
첫 번째 : 등가(중심) 옵션에서 교차패한 옵션이 자기 기준가를 붕괴할 경우, 교차승한 옵션 방향으로 마디 가격 뒤집기를 잡습니다.
두 번째 : 목표가 도달 및 미도달 후 붕괴 시 등가에서 교차승할 경우
세 번째 : 2거래일 안에 같은 방향으로 연속 두 번 교차 가격 뒤집기에 성공할 경우

이상 세 가지 기준에 의해 마디 가격 뒤집기를 확정하는데, 이 책에서는 간단하게 세 번째, 교차 가격 뒤집기를 이용한 마디 가격 뒤집기를 차트를 이용해 잡는 방법에 대해 설명해드리겠습니다.

옵션의 두 개 행사가를 교차한다는 의미는 5포인트를 상승 또는 하락한다는 의미입니다. 따라서 앞에서 배웠듯이 등가선 두 개를 2거래일 안에 돌파하면 '옵션 마디 가격 뒤집기'가 완성되는 것입니다.

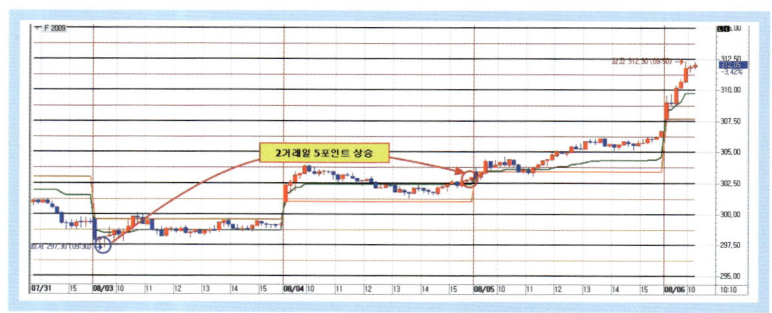

〈자료 8-1〉 2020년 8월 초순 KOSPI200 선물 10분봉 차트

〈자료 8-1〉은 2020년 8월 초순 KOSPI200 선물 10분봉 차트입니다.

8월 3일 선물지수는 297.30을 저점으로 상승해 등가선인 300.00을 돌파하고 다음 등가선 302.50 도달 후 조정하며, 장을 마감하고 다음 날인 8월 4일 등가선 305.00을 종가상 돌파 후 마감합니다. 이렇게 2거래일간 5포인트를 한 방향으로 상승 또는 하락하면 '옵션 마디 가격 뒤집기'가 완성되는 것입니다.

〈자료 8-1〉과 같은 '옵션 마디 가격 뒤집기'를 '콜로 마디 가격 뒤집기'되었다고 하며 장의 추세는 상승으로 보고 대응하는 것입니다.

〈자료 8-2〉 옵션 8월물 행사가 297.50 종목시세표

〈자료 8-2〉는 2020년 8월물 행사가 297.50의 콜 옵션과 풋 옵션, 그리고 선물지수를 정리해놓은 옵션 종목시세표 DDE인데, 8월 3일 콜로 마디 가격 뒤집기가 되었음을 알 수 있습니다.

콜 옵션의 가격은 4.43에서 8월 13일 8월물 옵션 만기일까지 6.5배가량 상승한 28.90을 고점으로 상승했고(1번), 풋 옵션은 4.56이 만기일 0.01로 결제받지 못하고 '0'이 되었습니다(2번).

아울러 선물지수는 297.30에서 무려 28.95포인트 상승했습니다(3번).

〈자료 8-3〉 KODEX 레버리지 30분봉 차트

8장. 옵션 마디 가격 뒤집기를 이용한 ETF 스윙 매매 211

그럼 KOSPI200지수를 추종하는 ETF 중 KODEX 레버리지를 살펴보겠습니다.

2020년 8월 3일 종가 13,760에서 17.32% 상승한 16,330원을 고점으로 하락 반전합니다.

물론 옵션 가격을 이용해 잡는 마디 가격 뒤집기에 비해 정확도는 떨어지지만, 차트의 등가선을 이용해 마디 가격 뒤집기를 단순하고 간편하게 잡아도 큰 무리가 없기에 마디 가격 뒤집기를 옵션으로 잡으려 너무 노력하지 않으셔도 됩니다.

〈자료 8-4〉는 2020년 7월 초순 선물 10분봉 차트이며, 7월 7일 하루 만에 선물지수가 7.35포인트나 급락하면서 당일로 '풋으로 마디 가격 뒤집기'됩니다.

7월 7일 장은 시가-고가로 294.00을 고점으로 등가변경선 292.50(1번)과 290.00(2번), 그리고 287.50(3번)까지 연속으로 붕괴하며 당일로 마디 가격 뒤집기를 완성합니다.

따라서 '옵션 마디 가격 뒤집기'를 이용한 매매는 단기와 중기 스윙 매매에 모두 적합한 매매 기법입니다.

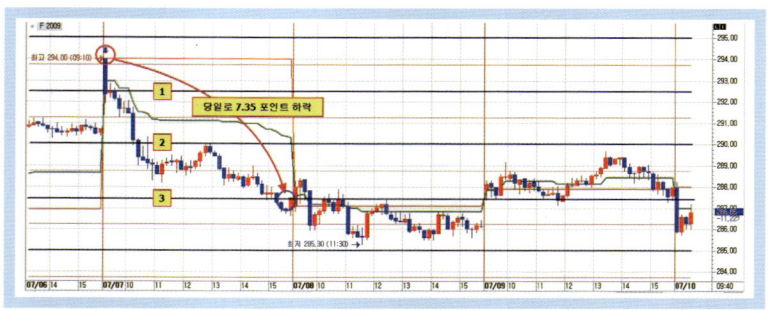

〈자료 8-4〉 2020년 7월 선물 10분봉 차트

〈자료 8-5〉는 2020년 7월 27일 선물과 KODEX 레버리지, KODEX 200선물인버스2X 3분봉 비교 차트입니다.

선물이 등가선 290.00 조금 위에서 시작해 등가선 확인 후 상승합니다(1번).

이때, KODEX 레버리지는 정확하게 시가-저가로 상승하고, KODEX 200선물인버스2X는 시가-고가로 하락하기 시작합니다.

이미 선물지수가 등가선인 290.00을 터치하고 상승해 다음 등가선인 292.50만 돌파하면 바로 '콜로 마디 가격 뒤집기'가 되는 것이고, 이 자리만 지지하면 오버나잇이 가능합니다.

〈자료 8-5〉 선물과 KODEX 레버리지, 인버스2X 비교 차트

선물지수는 292.50 2번을 돌파해 다음 등가선인 295.00까지 터치 후 조정을 받지만, 등가선이 292.50과 중심선 자리에서 지지를 받습니다.

KODEX 레버리지 역시 중심선에서 지지를 받고, KODEX 200 선물인버스2X는 중심선에서 저항을 받습니다.

KODEX 레버리지와 KODEX 200선물인버스2X의 가격은 다르지만, 서로 지지와 저항의 위치는 선물과 콜 옵션과 풋 옵션과 같이 같은 시간에 같은 위치인 것을 알 수 있습니다.

다만 마디 가격 뒤집기 시 시세의 연속성 확률이 40% 미만이기에 항상 손절에 대한 정확한 기준을 설정하고 매매에 임해야 합니다.

마디 가격 뒤집기에 대한 자세한 내용을 공부하고자 하는 분은 필자의 첫 번째와 두 번째 책 《가격이론 실전검증》, 《가격이론X파일》을 참조하시길 바랍니다.

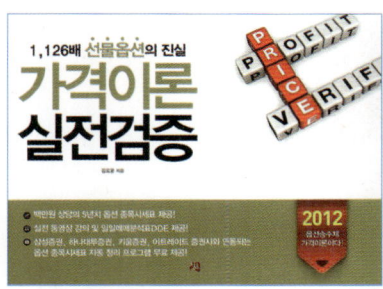

《가격이론 실전검증》

《가격이론 X파일》

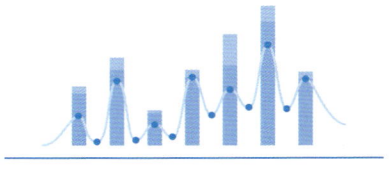

섹터지수 ETF 매매

KOSPI200이 상승할 때, 모든 업종과 모든 종목이 상승하는 것은 아닙니다. 상승 시에는 주도 업종이 있기 마련이고, 그 주도 업종 중에서도 대표 종목, 다시 말해 대장주들이 상승을 이끄는 경우가 다반사입니다.

ETF 상품 중에도 업종에 해당하는 섹터 지수 ETF 상품이 있습니다.

시장의 상승보다 높은 수익을 원할 경우, 레버리지나 인버스2X 상품을 매매하지만, 섹터 지수 ETF 상품 매매도 시장지수보다 높은 수익률을 실현할 수 있습니다.

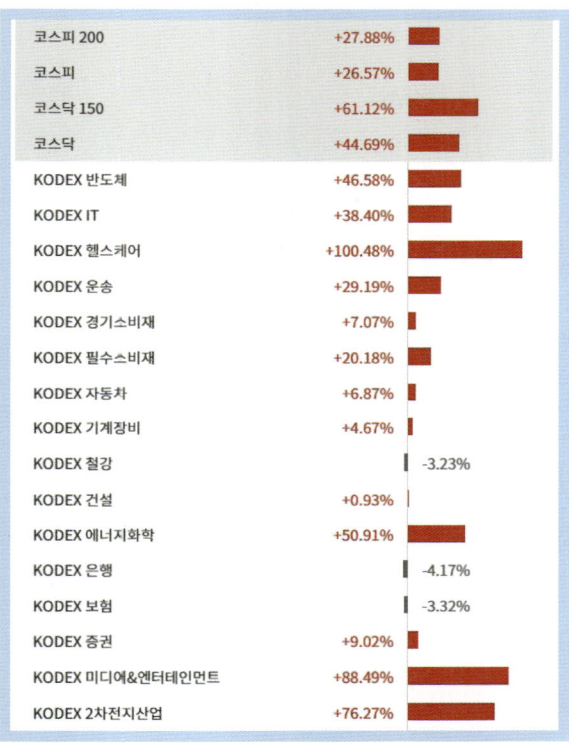

〈자료 8-6〉 2020년 8월 14일 기준 1년간 수익률 비교
출처 : 삼성자산운용

〈자료 8-6〉은 2020년 8월 14일 기준 1년간 수익률 비교입니다.

KOSPI200이 1년간 27.88% 수익일 때, 섹터지수 ETF 중 KODEX 헬스케어 상품은 100.48%로, KOSPI200 대비 세 배 이상의 수익률을 기록합니다.

KODEX 미디어&엔터테인먼트, KODEX 2차 전지산업, KODEX 에너지화학, KODEX 반도체 등의 섹터지수 종목들이 시장 평균 수익보다 높은 수익률을 보이고 있습니다.

따라서 단기나 중기 매매 시에도 섹터지수 ETF를 활용한다면, 시장 평균 수익률보다 높은 수익률을 실현할 수 있습니다.

그러나 섹터지수 ETF 매매 시엔 몇 가지 주의할 점이 있습니다.

주도 섹터지수 ETF 상품 찾기 실패에 대비해야 합니다

주도주 매매에 해당하는 섹터지수 ETF 매매는 성공할 경우에는 시장 수익률보다 높은 수익률을 달성할 수 있습니다. 그러나 주도 업종이 맞지 않을 경우, 손실이나 기대 수익률보다 낮은 수익이 날 수 있기에 시장 대표지수를 매매하면서 보조 수단으로 일정 비율 매매를 하는 게 좋습니다. 과한 욕심은 항상 위험이 도사리고 있다는 점을 명심해야 합니다.

거래량이 충분한 섹터지수 ETF 상품을 선택해야 합니다

섹터지수 ETF 상품 중에 하루 거래량이 10,000주 아래 상품들도 많이 있습니다. 거래량이 적은 섹터지수 ETF 상품을 거래하다 보면 예기치 못한 손실을 볼 수 있고, 매도 시 즉각적인 대응이 어려워 손실을 볼 때도 있습니다. 따라서 거래량이 적은 종목은 피하셔야 합니다.

상승장에서 효과적입니다

상승장(추세장)에서 수익 내기가 용이합니다. 하락장에서는 자칫 손실의 우려가 더 큽니다. 물론 장이 하락해도 상승하는 섹터지수 ETF 상품은 존재합니다.

그러나 하락 시에는 인버스 상품 매매가 섹터지수 ETF 상품 매매보다 상대적으로 유리합니다.

그럼 다시 사례를 들어 설명하도록 하겠습니다.

〈자료 8-7〉은 2020년 8월 11일 KOSPI200 선물과 KODEX 레버리지, KODEX 200선물인버스2X는 비교 차트입니다.

장 시작 시 시가-저가 형태이며(1번) 시작 후 바로 등가선 317.50을 돌파하며 장의 방향이 결정됩니다.

다음 등가선인(2번) 320.00을 돌파하고, 그다음 등가선 322.50(3번)을 돌파해 322.75를 고점으로 만들고 320.80으로 장을 마감합니다.

8월 11일 선물 당일 진폭은 316.45에서 322.75까지 6.30포인트이며, 종가상 320.80으로 1.21% 상승 마감했으며, KODEX 레버리지는 2.72%(420원) 상승, KODEX 200선물인버스2X는 2.68%(110원) 하락 마감했습니다.

⟨자료 8-7⟩ 2020년 8월11일 선물과 KODEX 레버리지, 인버스2X 비교 차트

    그럼 이 상승장에서 어떤 업종이 장을 선도했는지 알아보도록 하겠습니다.

    ⟨자료 8-8⟩은 ETF 상품 중 KOSPI200 추종 상품과 섹터 상품들에 대해 정리한 DDE(엑셀시세연동) 표입니다.

종목명	현재가	등락율	NAV	시가	고가	저가	체결강도
KODEX 코스피100	25,030	1.54	25,025.81	24,675	25,075	24,675	133.02
KODEX 200	32,100	1.26	32,155.06	31,775	32,275	31,715	94.62
KODEX 인버스	5,345	-1.29	5,354.37	5,405	5,420	5,320	85.14
KODEX 레버리지	15,840	2.72	15,883.77	15,455	15,985	15,435	103.33
KODEX 200선물인버스2X	4,000	-2.68	4,018.24	4,100	4,115	3,965	85.18
KODEX 바이오	14,325	-0.42	14,383.30	14,165	14,455	14,165	85.13
KODEX 반도체	27,880	-0.78	27,936.20	28,180	28,255	27,855	80.92
KODEX 보험	5,000	5.15	4,999.59	4,790	5,010	4,780	70.00
KODEX 에너지화학	14,640	1.63	14,701.76	14,400	14,840	14,355	67.94
KODEX 운송	3,515	1.44	3,511.71	3,485	3,515	3,430	107.68
KODEX 은행	5,580	3.72	5,587.74	5,420	5,590	5,400	95.24
KODEX 자동차	15,535	2.27	15,535.08	15,310	15,540	14,820	125.77
KODEX 증권	6,535	-1.13	6,523.97	6,700	6,855	6,500	69.75
KODEX 철강	6,275	2.70	6,270.96	6,190	6,345	6,180	62.81
KODEX 필수소비재	9,265	3.17	9,273.91	8,975	9,290	8,965	103.52
KODEX 헬스케어	21,135	0.43	21,220.60	21,135	21,265	20,985	107.89

〈자료 8-8〉 KODEX 섹터지수 ETF

당일 KODEX 보험 상품이 5.15%, KODEX 은행 3.72 %, KODEX 필수소비재 3.17% 순으로 상승했습니다.

이 중 거래량이 가장 적은 상품은 KODEX 필수소비재이나, 8월 11일엔 거래량이 472,148주로 폭증했습니다.

그러나 거래량이 적은 종목은 제외하고 KODEX 레버리지 50%, KODEX 보험 25%, KODEX 은행 25%로 분산매수 했을 경우, 시장 수익률보다 큰 수익을 실현할 수 있습니다.

더욱 안전하게 분산하려면, KODEX 200에 70%, 나머지 두 종목에 15%로 분산 투자해 매수하면 더욱 안정적으로 시장 수익률보다 높은 수익을 실현할 수 있습니다.

ETF가 좋은 상품이라는 이야기를 많이 하는 이유는 간단한 종목 선택만으로 분산 투자가 가능하고 시장 수익보다 높은 수익을 낼 수도 있고, 위험에 대한 회피도 가능하기 때문입니다.

more

맺음말

코로나19가 확산된 지도 어언 6개월여가 흘렀습니다. 많은 분들이 힘들어하고 생활환경이 급격하게 변했습니다.

2020년 2월경 세 번째 책인 《선물·옵션 가격이론 절대기법》을 완성하고 출판사에 원고를 넘긴 사이, 코로나19 확산으로 대형 서점과 국공립 도서관들이 휴관하여 저 역시 많은 어려움을 겪었습니다.

그 사이, 시장에 ETF 관련 서적들이 많은데 정작 매매 기법이나 기준에 관해 설명한 책들이 절대적으로 부족하다는 점을 알았습니다.

ETF 참여자들은 점점 늘어나는데, 정작 ETF에서 어떤 상품을 어떻게 매매해야 하는지에 대해 많은 분이 궁금해하셨고 세 번째 저서인 《선물·옵션 가격이론 절대기법》 후반부에 가격이론을 이용한 'KOSPI200지수 추종 ETF 매매'라는 간단한 소개글이 계기가 되어 KOSPI200지수 추종 ETF 상품에 대한 실전 매매 책을 집필하게 되었습니다.

그간 리뷰와 전략을 잡던 습관이 있어 선물과 옵션 자료, 그리고 ETF 자료까지 준비할 수 있어 미약하나마 'KOSPI200지수 추종 ETF 상품에 대한 실전 매매' 책을 완성하게 되었습니다.

이 책이 나올 수 있도록 도와주신 리얼스탁 문지인 대표님과 두드림미디어의 한성주 대표님, 그리고 가족들에게 감사의 마음을 전하며, 이 책이 ETF를 매매하려고 하는 개인 매매자분들에게 조금이나 도움이 되었으면 하는 마음입니다.

앞으로도 기회가 되면 더 다양하고 많은 실전 매매 기법과 원리에 관한 책을 집필할 계획이며, 이 책과 관련해 네이버 카페(http://cafe.naver.com/ks7478)에서 더욱 많은 공부와 검증을 할 수 있는 기회를 제공해드릴 예정입니다.

상승장에서도 하락장에서도
수익 낼 수 있는 ETF 트레이딩 특급 비법

제1판 1쇄 2020년 11월 23일
제1판 2쇄 2021년 1월 19일

지은이 김도윤
펴낸이 서정희 **펴낸곳** 매경출판(주)
기획제작 (주)두드림미디어
책임편집 최윤경 **디자인** 얼앤똘비악earl_tolbiac@naver.com
마케팅 강동균, 신영병, 이진희, 김예인

매경출판(주)
등록 2003년 4월 24일(No. 2-3759)
주소 (04557) 서울시 중구 충무로 2(필동1가) 매일경제 별관 2층 매경출판(주)
홈페이지 www.mkbook.co.kr
전화 02)333-3577
이메일 dodreamedia@naver.com
인쇄·제본 (주)M-print 031)8071-0961
ISBN 979-11-6484-182-0 (03320)

책값은 뒤표지에 있습니다.
파본은 구입하신 서점에서 교환해드립니다.

이 도서의 국립중앙도서관 출판예정도서목록(CIP)은 서지정보유통지원시스템 홈페이지(http://seoji.nl.go.kr)와
국가자료공동목록시스템(http://www.nl.go.kr/kolisnet)에서 이용하실 수 있습니다.
(CIP제어번호: CIP2020046237)